O LIVRE-ARBÍTRIO

e textos selecionados

EDGARD ARMOND

O LIVRE-ARBÍTRIO

e textos selecionados

Aliança

3ª edição, Julho/2017, do 11º ao 12º milheiro

Título
O Livre-Arbítrio

Autor
Edgard Armond

Revisão
Antônio Roberto de Carvalho

Diagramação
Cíntia Funchal Rocha Carvalho

Capa
Jayres Gomes

Impressão
Rettec Artes Gráficas e Editora Ltda.

Ficha Catalográfica

Dados Internacionais de Catalogação na Publicação (CIP)
— Câmara Brasileira do Livro | SP | Brasil —

Armond, Edgard.
O Livre-Arbítrio e textos selecionados / Edgard Armond.
3. Ed. São Paulo: Editora Aliança, 2017.

ISBN: 978-85-8848-316-3

1. Doutrina Espírita 2. Espiritismo 3. Evolução espiritual
4. Livre-Arbítrio 5. Providência Divina I. Título

12-14591 CDD-133.9

Índice para catálogo sistemático:

1. Livre-Arbítrio: Espiritismo: Doutrina 133.9

Editora Aliança
Rua Major Diogo, 511 – Bela Vista – São Paulo – SP
CEP 01324-001 | Tel.:(11) 2105 2600
www.editoraalianca.com.br | editora@editoraalianca.com.br

SUMÁRIO

LIBERTAÇÃO ESPIRITUAL

Primeira Parte: O Amor Verdadeiro

Segunda Parte: Libertação Espiritual

INTRODUÇÃO

A Editora Aliança selecionou três textos de Edgard Armond focalizando a criação do princípio inteligente — centelha divina — e sua evolução rumo ao Criador.

No primeiro texto, *Caminhos do Espírito*, o autor faz um resumo claro e acessível de conhecimentos iniciáticos referentes à Criação do mundo e dos seres, sua involução e ingresso na série purificadora das reencarnações sucessivas, sua ascensão de volta ao Reino Divino.

No segundo texto, *O Livre-Arbítrio*, o autor considera que, para a partícula divina, as etapas de sua trajetória nos reinos inferiores da Criação são muito lentas, mas quando atinge o reino humano, seu processo se acentua grandemente com a conquista da razão e do livre-arbítrio, tornando-se este processo poderosa alavanca de sua evolução. O autor explora ainda diversos fatores ligados ao livre-arbítrio, tais como: o Bem e o Mal, o acaso, o destino, a fatalidade, o fatalismo e a responsabilidade. Conduz a exposição para mencionar que o uso mais proveitoso e justo que o homem encarnado pode fazer do seu livre-arbítrio é realizar a sua reforma interior.

Em *Libertação Espiritual*, mensagem de que a Lei do Amor universal e eterno é que determina a Criação, regulando todas suas manifestações, o autor sugere então aos aprendizes regras do amor verdadeiro para aqueles que desejam evoluir mais depressa, considerando que o espiritismo — Doutrina de autolibertação — tem a urgente tarefa de reviver no mundo o Cristianismo

Primitivo, colaborando assim para a redenção da humanidade pela Reforma Íntima de cada ser humano com base no Evangelho de Jesus.

São Paulo, dezembro de 2001

Editora Aliança

CAMINHOS DO ESPÍRITO

Divulgação de Conhecimentos Espirituais

APRESENTAÇÃO

No intuito de ajudar a erguer o grandioso edifício da espiritualidade, que tantos companheiros estão construindo, laboriosamente, sob a proteção de Ismael, Bezerra de Menezes, Emmanuel, André Luiz e tantos outros luminares que fulgem nos céus espirituais do nosso predestinado Brasil, o Fundo Editorial Nininha de Almeida — FENIAL — reedita hoje o presente trabalho, de autoria do Comandante Edgard Armond, publicado em 1940 e transcrito pelo vespertino "A Platea" na mesma época.

O Autor faz um resumo claro e acessível de conhecimentos iniciáticos referentes à Criação do mundo e dos seres, sua Involução e ingresso na roda das Reencarnações sucessivas, sua Ascensão de volta ao Reino Divino, etc. apresentando estes conhecimentos à luz da 3ª Revelação — O espiritismo — que, como se sabe, tem a ingente tarefa de reviver no mundo o Cristianismo Primitivo, como foi pregado e vivido pelos Apóstolos, Discípulos e Seguidores do Messias Palestino, colaborando assim para a redenção da humanidade pela Reforma Íntima de cada ser humano com base no Evangelho de Jesus.

Esperamos que a distribuição desta obra represente valiosa colaboração no setor do esclarecimento popular da Doutrina Espírita.

São Paulo, maio de 1966

A Diretoria

1

ADVERTÊNCIA

Com este trabalho não visamos fazer literatura, mas somente colaborar e difundir conhecimentos espirituais; quem desejar adquiri-los talvez encontre aqui alguma coisa que lhe sirva.

Dirigimo-nos a intelectuais e operários, homens de cultura média e, mesmo, os de precária cultura; místicos, realistas e, possivelmente, materialistas, irmãos nossos filiados a seitas diversas e religiões dogmáticas; uma audiência, portanto, francamente eclética.

Mas dirigimo-nos, também, àqueles seres com pouco pendor para especulações filosóficas ou teológicas, que vivem mais pelo coração que pelo cérebro, que prefeririam talvez ouvir demonstrações simples e claras da Doutrina Espírita que hoje está empolgando o mundo inteiro, ao invés de exposições complexas e muitas vezes artificiosas, forjadas pelos próprios interessados em fazê-las aceitas; exposições essas que mesmo aparentando profundeza e erudição, não reformam os homens nem os põem, com sinceridade, no caminho que os Evangelhos de Jesus nos estão apontando há quase vinte séculos.

Queremos, pois, de preferência, nos dirigir a esses ouvintes de conhecimentos mais modestos, mas de ouvidos mais solícitos, de corações mais sensíveis e de entendimento mais simples, campos propícios que são para toda semente, que neles mui facilmente germina, frutifica e dá sombra.

Admitindo ser a humildade uma virtude específica do cristão, é com esta premissa que entramos na exposição do assunto, certos de encontrarmos em suas mentes as ressonâncias desejadas de paciência e de benevolência.

2

O QUE NÃO ESTÁ NOS LIVROS

Falaremos sobre um assunto fundamental — As origens do Ser e seu destino — tomando o Espírito vivente desde o momento em que é criado, até quando entra na cadeia das reencarnações.

Estes estudos, bem sabemos que estão nos livros, pelo menos quanto à sua essência, mas tudo o que se sabe já está mesmo nos livros...

Os livros existem em abundância mas, no entanto e, infelizmente, podem ser apontados com o dedo os homens que vivem segundo as leis de Deus.

Por outro lado, há detalhes destas questões que os livros não podem ensinar, como não ensinam ninguém a ser bom médico, nem bom engenheiro.

E, em se tratando, então, de coisas espirituais, em que entra em jogo, como predominante, o fator indivíduo, os livros passam desde então a representar meros repositórios de conhecimentos médios, onde cada um de nós vai buscar de vez em quando alguma coisa que ali possa achar e que lhe sirva.

Pois, nem o próprio Evangelho, que é o livro por excelência pôde, em dois mil anos, apesar de milhares e milhares de edições em todas as línguas, operar a reforma do homem ou a reforma do mundo!...

3

ANSEIO DO CONHECIMENTO

No entanto, é verdade que não ireis ouvir de mim nada de novo, porque, realmente, nada há de novo — nihil sub solum novis — nem tampouco nada de rebuscado ou literariamente agradável, mesmo porque nem sempre o que mais agrada aos sentidos alimenta o Espírito.

Mas, há segredos.

Segredos e mistérios que estão ainda muito acima e absolutamente fora do alcance do homem atual; detalhes interessantes, pouco conhecidos do homem ordinário e que este, mesmo sabendo disso, ou justamente por saber disso, tenta infatigavelmente apreender, tocado pelo desejo de conhecer a Verdade, acionado por esse irresistível impulso de dinamismo interior que, segundo as religiões orientais, confirmada pelo espiritismo, *é Deus dentro de nós*, como força primordial que busca relevar-se em toda a sua grandeza.

Esse anseio interno e essa força tremenda de impulsão para frente e para cima, eis as alavancas poderosas que têm deslocado os mundos, rolando-os ininterruptamente pelo caminho do progresso, rumo às resplandecentes regiões de mistério e de sonho que envolvem a eterna e silenciosa morada de Deus, do Deus misterioso e incomensurável que, como uma força estático-dinâmica maravilhosa e inconcebível, está nelas mesmas e por detrás de todas estas coisas reveladas que formam este fantasmagórico mundo fenomenal.

4

PLANO DA VIDA

Assim nós sabemos que, no plano da vida cósmica, a jornada do Espírito pode ser posta dentro deste currículo fundamental de movimento:

Criação — Involução — Evolução — Reintegração.

Criação — O ato da mente divina emitindo pensamentos que, no plano absoluto, são relâmpagos de tempo mas, no relativo em que vivemos, eternidades de tempo.

Involução — O pensamento divino se projeta com determinada força de expansão e, por efeito dessa projeção, vai descendo a escala das vibrações até o ponto mais baixo possível onde, então, toma o aspecto de matéria densa ou *princípio inteligente em estado rudimentar.*

Evolução — Nesse ponto mais baixo de vibração desencadeia-se, pela lei universal do Ritmo, o impulso em sentido contrário, tendendo a fazer o Ser voltar à sua origem, o que então começa a realizar-se por meio do ciclo de provas.

Reintegração — É a comunhão do Espírito com a divindade, ao termo das provas e obtida sua perfeita purificação, após o desenvolvimento, em toda sua força e expressão, desse impulso interno e imanente que dormia em seu íntimo, como um potencial estático.

5

BUSCAI E ACHAREIS

No que se refere às investigações, dizem alguns:

"Não devemos tentar obter aquilo que está fora do nosso alcance: vivamos dentro do Evangelho do Cristo, que já representa uma conquista enorme de sabedoria e de possibilidades espirituais ao nosso dispor."

Dizem outros: "não adianta mexer nessas coisas incompreensíveis; façamos o que for possível e nada mais."

Mas, outros revidam: "por que então nos foram dadas a razão e a inteligência? Se todos os dias verificamos que progredimos e em todas as horas incorporamos um conhecimento novo; se em todos os minutos aprendemos mais alguma coisa e em todos os segundos avançamos mais um passo para diante, caminho a algo de novo que sabemos ilimitado; por que então parar, renunciar à luta, acomodar-se, repousar sobre louros duma vitória que ainda mal se esboça, como um traço tênue de luz, no fundo escuro e misterioso do futuro?".

Há opiniões e divergências, mas a verdade é que é necessário lutar sem descanso, infatigavelmente, para aproveitar a vida que foge rápida; já que estamos aqui nesta arena sombria, tomemos de nossas armas e combatamos o nosso combate, da melhor maneira possível, com o maior ânimo possível.

É preciso trabalhar e nos esforçarmos para realizar, ainda nesta encarnação, o Evangelho sem par que está posto à nossa frente, como um farol de luz resplandecente, que alumia longe e, sob seus raios, poderemos então caminhar com segurança por um caminho claro.

Um dos grandes escritores espiritualistas da atualidade, Paul Gibier, a propósito desse anseio de conhecimento por parte do homem, declarou que a posição deste, no momento atual, no caminho da evolução, é na **zona lúcida**, isto é, na zona da investigação e da compreensão.

Comunicações vindas de outras fontes esclarecem que o homem, tendo conquistado a consciência individual e evoluído em seguida para a razão, está hoje ingressando no setor da intuição, que é aquele no qual está mais próximo do Espírito.

Emmanuel, a iluminada entidade que vive agora mais em contato conosco, por fazer parte da coorte que orienta o Brasil para o primado da luz, a propósito de um tema de controvérsia entre kardecistas e rustainguistas disse:

> "Para que discutir semelhantes assuntos tão profundos e tão delicados na sua essência íntima, se mesmo nos espaços vizinhos da Terra onde me encontro sobram as polêmicas e as vacilações dos Espíritos? Semelhante fenômeno tem sua origem na falta de compreensão. A morte não constitui uma renovação milagrosa do ser. Os desencarnados prosseguem lutando no complexo de suas próprias iniciativas, para a obtenção da amplitude de conhecimentos superiores do Universo e do mecanismo divino de suas leis. Mas, todos nós, remata ele, estamos no caminho do conhecimento integral."

Por isso, é preciso discutir e debater todos os assuntos ligados à nossa vida para compreendê-los o mais depressa possível, e aqueles que ultrapassarem a capacidade da razão cairão, mais hoje, mais amanhã, na esfera da intuição e teremos deles, mesmo que vaga, alguma noção que sempre valerá como um prêmio ao nosso esforço.

É claro que não devemos permanecer nos conhecimentos teóricos, mas viver nossa vida segundo esses conhecimentos, proceder à nossa reforma espiritual de acordo com as novas concepções e direções que esses conhecimentos nos dão.

Como seres em evolução, devemos seguir sempre para diante, rastreando a verdade onde quer que ela se encontre, desenvolvendo, na maior amplitude possível, a nossa percepção das coisas, mas caminhando sempre dentro da estrada que nos foi apontada pelo Mestre e sem nos afastarmos do caminho luminoso, que nos traçou com sua própria vida, em letras de luz e de sangue.

Caminhar levando em uma das mãos o Evangelho — que é a ciência da fé — compreensão estática que espiritualiza; e noutra a Ciência — que é o evangelho da razão — compreensão dinâmica produtora de força e de convicção.

6

COMO NASCEM OS ESPÍRITOS

Mas, sendo inegável que os Espíritos, como tudo o mais, são criados por Deus, como surgem, como aparecem na arena da vida e da morte?

Os conhecimentos científicos e filosóficos dão o Ser como o resultado do desenvolvimento natural dos instintos de vida, por meio de formas diferentes, que vem da monera ao homem, tendo a inteligência e a razão despertado em certo período desse desenvolvimento.

Quando se lhes pergunta de onde vieram essa inteligência e essa razão, respondem que vieram do aperfeiçoamento do instinto, e se se pergunta de onde veio o instinto, dizem que veio de uma necessidade de manifestação da própria vida.

E se lhes pergunta o que é a vida e de onde veio, respondem honestamente que não o sabem.

Como veem, há um simples tapume separando a Ciência da Verdade.

A voz prestigiosa que ditou a *Grande Síntese*[1] admite esse desenvolvimento do instinto para os aspectos inteligência e razão, mas adverte que tudo vem de Deus, o que, aliás, confirma mais uma vez os conhecimentos dos antigos e responde às perguntas que foram feitas ainda há pouco à Ciência.

E não há diferenças também quando os espíritas asseveram que o Espírito é inteligência divina individualizada e que o instinto é uma forma rudimentar dessa inteligência.

---

[1] Edição do Instituto Pietro Ubaldi, Campos dos Goytacazes, RJ. (Nota da Editora)

Ora, nós sabemos que a verdade foi revelada aos homens progressivamente, por vários mensageiros, em diferentes épocas, e aqueles que a recebiam em certo lugar ou certo momento imaginavam serem os seus possuidores privilegiados, mas agora todos estão compreendendo que são iguais perante Deus, nos direitos e nos deveres e que aquilo que distingue um homem do outro é a sua capacidade individual de perceber as coisas e de adiantar-se mais depressa pelo próprio esforço, no sentido moral.

A Religião há de ter, mais hoje mais amanhã, mas de qualquer forma muito em breve, a sanção da Ciência, e dará a esta também sua confirmação, porque ambas, reciprocamente reveladas e postas em harmonia, é que virão dar ao homem a chave-mestra com que ele abrirá todas as portas do conhecimento da vida.

7

A CRIAÇÃO DO MUNDO

Mas, voltando à origem dos Espíritos, é interessante vermos agora o que os homens antigos pensavam ou sabiam a este respeito.

Como esse conhecimento para eles esteve sempre ligado ao da criação da Terra — o que naturalmente é um erro — suas concepções religiosas naturalmente participam desse erro.

8

VEJAMOS O QUE PENSAVAM NA ÍNDIA

Brama, o Senhor, tendo pensado na criação do homem, fez as águas e nelas depositou um germe. Este transformou-se em um ovo de ouro, brilhante como um astro, e dele nasceu o primeiro ente, ele mesmo na forma do Deus.

Este, em seguida, separou o ovo em duas partes, para formar a Terra e o Céu, e entre eles fez a atmosfera, as oito regiões celestes e o recipiente permanente das águas.

Criou depois o primeiro homem, que foi Manu e este, por uma série de emanações, por sua vez, criou os Devas, semideuses, gênios, demônios e outros seres que dominaram o Universo antes do Dilúvio Universal.

9

PASSEMOS AGORA À PÉRSIA

Dois mil e trezentos anos antes de Moisés, Zoroastro, o alto mensageiro celeste, fundador da religião persa, por intermédio do Zend Avesta, seu código religioso, revelou isto:

"Ormuzd, o Deus bom, colocou na Terra o primeiro homem — Meshia — e a primeira mulher — Meshiahé — destinados a morrer, como todos os seres vivos. Prometeu-lhes constante felicidade, neste e no outro mundo, com a condição de o adorarem como sendo o autor de todos os bens.

Durante muito tempo o casal se conformou com isso e suas palavras, pensamentos e ações, eram puros e eles executavam santamente a vontade do Deus, quando se aproximavam um do outro.

Mas, um dia, o deus do Mal — Ahriman — apareceu-lhes sob a forma de uma serpente e os enganou pela habilidade de sua palavra e fez-se adorar como sendo o princípio de tudo o quanto era bom.

Desde então, suas almas foram condenadas ao inferno até a ressurreição. A vida tornou-se-lhes cheia de penas e de sofrimentos.

Tiveram frio, fome e sede e, aproveitando-se de seus tormentos, veio um outro demônio que lhes apresentou uma fruta, sobre a qual eles se atiraram sedentos.

Foi a segunda fraqueza e, em consequência dela, seus males redobraram. Sobre cem prazeres anteriores só lhes ficou um e, caminhando então de tentação em tentação, de queda em queda, joguetes dos demônios e das misérias, só conseguiram prover a própria existência a poder de invenções e de fadigas."

❖

Como veem, é quase a mesma lenda inserta, séculos mais tarde, por Moisés, no velho testamento hebreu.

A semelhança todavia ainda é mais perfeita.

Realmente o Zend Avesta, quanto ao tempo da criação, diz que ela foi dividida em doze prefeituras, de mil anos cada uma, sendo seis mil anos correspondentes ao espírito do Bem e seis mil anos correspondentes ao espírito do Mal.

Milênios mais tarde, essa concepção foi herdada pelos toscanos, habitantes do território situado entre o Arnus e o Tibre, na Itália, em cuja cosmogonia se vê que a criação foi feita em seis dias ou períodos, tendo sido o homem criado exatamente no sexto dia, como foi transcrito mais tarde no testamento hebreu.

10

NO ANTIGO EGITO

Nos tempos áureos em que Hermes, o três vezes grande, compilava sua obra monumental, revelando a verdade sob aspectos de tal forma sublimados, que ficaram muito além da percepção do homem, sua doutrina, daí por diante denominada *hermética,* assegurava que todas as coisas criadas, todos os mundos e todos os seres nada mais eram que pensamentos da divindade e que, por isso, não existimos realmente, isto é, que somente existimos na mente do Todo como um pensamento seu, porque Tudo é Mente e Tudo está contido na mente do Todo.

11

E PARA A MAIORIA DAS RELIGIÕES ORIENTAIS

O ente criado é uma emanação de Deus, assim como o raio do sol é uma emanação do sol e todo o mundo fenomenal é Deus manifestado, e todo o movimento ascensional que esse mundo realiza é o impulso que sente de voltar a Deus.

12

A VERDADE ESTÁ EM TODA PARTE

Como veem, seja apresentada como imagens e símbolos ou como concepções filosóficas, a Verdade está em todas as doutrinas, ora mais ora menos transparente. Como diz Staint Moses: "aprendereis mais tarde que a revelação nunca cessa e que é progressiva sem horas nem limites; não pertence a nenhum povo nem a pessoa alguma. Deus se revela gradualmente à humanidade". E Kardec, a esse respeito, ajunta:

"Por que é que a Verdade não esteve sempre ao alcance de todos? É necessário que cada coisa venha a seu tempo. A Verdade é como a luz: é preciso habituarmo-nos a ela pouco a pouco, do contrário seremos deslumbrados.

Jamais Deus permitiu aos homens, acrescenta ele, receberem comunicações tão completas como as que agora lhes são dadas. Os antigos só recebiam algumas verdades esparsas, no meio de um todo esquivo e na sua maior parte emblemáticas.

Entretanto, para um homem de estudo não há antigo sistema filosófico, não há tradição nem religião alguma, que devam ser desprezados porque todos encerram germes de grandes verdades que, se bem pareçam contraditórias umas às outras, dispersas como estão por entre acessórios sem fundamento, são todavia facilmente conciliáveis."

Sim, devemos respeitar todas as crenças e todas as doutrinas:

1º) Porque nosso conhecimento é muito limitado;

2º) Porque não sabemos ainda onde começa o Bem e onde termina o Mal, isto é, o que julgamos o Mal;

3º) Porque todas essas crenças e doutrinas tenderam, e tendem ainda, a levar o homem para Deus, exatamente o que nós também tentamos fazer;

4º) Porque se a Verdade é dada ao homem progressivamente, aquela que possuímos hoje ainda não é definitiva e nossa posição, neste caso, é exatamente igual à dos nossos antepassados, que também não possuíam verdades definitivas.

13

CRIAÇÃO DOS SERES

Mas, já que ao homem dos nossos dias foram dados conhecimentos mais avançados, qual é então, à vista desses conhecimentos, a verdade sobre a criação dos Espíritos?

Essa verdade, que de nenhuma parte recebemos, que nem o próprio Cristo nos revelou, quando sobre a Terra viveu, e que só agora, transcorridos dois mil anos, permite que nos seja dada?

Diz a 3ª revelação:

"O Universo foi criado por Deus e abrange a infinidade dos mundos visíveis; todos os seres animados e inanimados; todos os astros e todos os fluidos que enchem o espaço."

Até aqui nada de novo, mas, continua: "Todos os germes de vida, quando a Terra se formou, já existiam em estado fluídico, no espaço a seu redor, ou em outro planeta, aguardando o momento certo para aqui baixar."

E agora, notem o que diz o texto: "e o mesmo sucedeu com a espécie humana." Quer dizer: no que respeita à origem do homem também o germe de sua constituição já existia em estado fluídico aqui ou alhures, aguardando momento oportuno para manifestar-se na Terra.

Pelo que diz o texto, quando o momento foi oportuno, todas essas forças novas e todos esses seres em estado fluídico baixaram ao planeta e o povoaram, iniciando uma existência individual, que se caracterizou por diferentes etapas de desenvolvimento, por meio de formas inumeráveis, aperfeiçoando-se umas, eliminando-se outras, até atingirem a situação atual.

Está bem claro: de início a Terra foi povoada por germes em estado fluídico, que aqui iniciaram sua evolução, transitando por formas diversas e selecionando-se à medida que progrediam.

Mas, a pergunta ainda fica de pé:

— De onde procederam esses germes em estado fluídico e como foram criados? Responde o texto: sua origem é no princípio inteligente universal.

Vamos então analisar isto.

Assim como há um princípio inteligente material, que gera todas as combinações físicas, existe um princípio inteligente espiritual que, individualizando-se, dá origem aos Espíritos viventes.

Mas, esses Espíritos viventes não têm, inicialmente, por si mesmos, forma, aspecto definido. São, vamos dizer, um potencial estático de força inteligente. Para passar desse estado latente estático, irrevelado, involutivo, ao estado dinâmico visível, manifesto, evolutivo, necessita o Espírito exteriorizar-se, revelar-se na forma e isso só o consegue unindo-se, casando-se ao outro princípio — o material — que é o mesmo princípio primordial, porém, não-individualizado.

E assim, com essa união, que vai permanecer por quase todo o longo período da evolução do Espírito, as duas linhas de força da criação divina se encontram e o triângulo dessa criação se define, tendo a divindade por vértice e matéria e Espírito por base.

Unindo-se à matéria e, dentro da progressão evolutiva o Espírito, ganha então forma, aparência, aspecto visível, corpo, e transforma-se em alma vivente, isto é, Espírito revelado, sujeito às leis cósmicas e às alternativas da vida e da morte; Espírito em evolução, isto é, Espírito que está voltando para Deus, que ganhou livre-arbítrio e que está posto na cadeia dos renascimentos, iniciando o ciclo das provas.

14

O CICLO DAS PROVAS

Existe o plano do criador, Deus — que é *absoluto*.

E o plano da criação, mundo fenomenal — que é *relativo*.

Esses dois planos representam a Vida que se manifesta como:

Divindade — Humanidade e Mundo da Forma, que são três potenciais de força e movimento, a saber:

Deus, espírito e matéria.

❖

O Espírito, criado pela involução do pensamento divino, é posto no caminho da vida individual para realizar três ordens de provas, correspondentes a esses três aspectos da vida universal:

Provas referentes ao mundo da forma, provas referentes ao mundo do Espírito e provas referentes ao mundo de Deus.

Provas da matéria para obter a consciência de sua individualidade; provas do homem para desenvolver suas forças como Unidade e obter evolução progressiva; e provas de Deus para poder, ao fim da luta, integrar-se no conjunto das coisas.

Em seus elevados ensinos, Jesus Cristo disse estas frases fundamentais:

"Meu reino não é deste mundo", como se dissesse: a realidade das coisas não está no mundo da forma.

Depois: “Ama a Deus sobre todas as coisas e ao próximo como a ti mesmo”, como a dizer: humanidade e Deus.

Em suma, deu conhecimento integral em poucas palavras.

Se se quiser analisar estes ensinos diremos:

— A matéria não é a realidade; o homem que ame ao homem porque são eles partículas do Todo, mas, acima de tudo, está Deus.

Estes, como veem, são os três estágios da evolução do Espírito: conhecer a forma para poder dominá-la; amar ao próximo para poder integrar-se na humanidade; e aproximar-se de Deus para tornar-se uno com Ele.

15

AÇÃO E REAÇÃO

Depois que se une à matéria, o Espírito é considerado simples e ignorante, mas, desde esse momento, começa imediatamente a modificar-se sofrendo as influências ambientes.

Forças invisíveis, tanto do plano físico como do etéreo, começam a atuar sobre ele, perturbando-o.

Sentimentos ainda desconhecidos nascem em seu coração e aí se radicam, influindo poderosamente sobre ele. Ideias vindas, não se sabe de onde, penetram sua mente, dando-lhe, cada vez mais vastos horizontes de pensamentos a respeito de si mesmo e de tudo que o rodeia.

Os instintos inferiores da materialidade, as atrações do mundo da forma, o pavor do desconhecido, a incerteza do seu destino, a ignorância de sua origem e, sobretudo, sua fragilidade, todo esse conjunto desorientador de circunstâncias começa a atuar sobre ele, impelindo-o ora para aqui, ora para ali, nesta ou naquela direção, desordenadamente, como um trapo que o vento sacode para onde quer.

Mas, todas estas forças e circunstâncias, vindas de fora e de dentro, determinam cada uma reação diferente, repercutem nele de formas diversas, levando-o para esta ou aquela direção. Esse fenômeno é o que se conhece com o nome de livre-arbítrio, isto é, a possibilidade que tem o Espírito criado de optar por isto ou por aquilo, resolver duma ou doutra maneira, seguir para esta ou aquela direção.

Por esse livre-arbítrio, decorrente desse conjunto de reações, é que o Espírito estabelece e forja o seu destino.

A essa trama de ações e reações, que é a base fundamental da lei inexorável de justiça que os orientalistas denominaram carma, ninguém pode escapar, justamente porque ela é que dá campo à evolução do Espírito.

Realmente, se este permanecesse imóvel, inativo, e não reagisse de forma alguma às solicitações ambientes, ficaria à margem da vida e nada aconteceria para ele. Nenhum progresso obteria e seria uma força negativa e estéril, coisa absolutamente impossível de existir na criação, que é dinamismo e movimento permanente e eterno.

❖

Chegados a este ponto, podemos agora parar um pouco e considerar que já possuímos duas opiniões respeitáveis sobre a criação do Espírito, a saber: a concepção filosófica oriental, que vem da noite dos tempos e que diz:

— Tudo é Mente.

Tudo está contido na mente do Todo.

O Universo é mental.

A única realidade é Deus e tudo o mais não passa de uma enorme e perene ilusão.

Por esta concepção multissecular e que tem centenas de milhões de adeptos, o Espírito é uma criação mental de Deus, o que também sucede com toda a Criação. Vivemos e nos agitamos na mente de Deus, assim como uma personagem de romance foi criada e vive na mente do romancista e na mente dos leitores, nem por isso deixando de ser menos real.

Outra, a Terceira Revelação, o Espiritismo, que diz que os Espíritos são *princípio inteligente universal individualizado*, criados por Deus para evoluir e voltar a Deus[2].

"Há um transformismo incessante e uma progressiva suscetibilidade de aperfeiçoamento, em todas as coisas, o que demonstra que há uma criação progressiva."

Tudo o que existe provém de um princípio que atua sempre do interior para o exterior e que se encontra oculto no mistério do Ser.

Tudo tem de integrar-se na divindade, pois, de outro modo, Deus seria parte e, portanto, incompleto, quando deve ser, realmente, o que é: o Todo, o Absoluto.

---

[2] *O Livro dos Espíritos*, questão nº 23. (Nota da Editora)

16

CONCLUSÃO LÓGICA

Como veem, todas estas concepções se aproximam de tal forma, que se torna fácil fundi-las em uma só, porque, realmente, expressam a verdade una e imutável, se bem que com palavras diferentes.

O conceito final é este:

O Espírito é um ser vivente, criação mental de Deus.

Revela-se como indivíduo e manifesta-se quando, unindo-se à matéria, ganha forma, entrando assim em evolução para retornar a Deus, graças ao impulso divino que existe em si mesmo.

Segundo o estado atual do conhecimento este é o ponto máximo a que se pode chegar pelo pensamento de investigação e com o auxílio da revelação.

Mas, como a revelação é progressiva, é provável que dentro de pouco tempo surgirão conhecimentos mais adiantados que os que nos foram até agora revelados.

17

OS PRIMEIROS PASSOS

Vejamos agora o que se passa com o ente criado, quando é posto no mundo material.

Já vimos que ele, reagindo contra as influências ambientes, começa a agir numa ou noutra direção, tecendo assim o drama do seu destino.

Ora, sabe-se que essas reações são mais intensas em relação a tudo aquilo que se refere ao mundo da forma, porque este desorienta o Espírito e o deslumbra.

Este mundo fenomenal é de tal forma objetivo e impressionante, e pode ser visto e sentido com tal intensidade e de forma tão concreta, que vem a produzir uma ilusão absolutamente perfeita, oferecendo a impressão da realidade mais absoluta.

Por outro lado, os sentidos físicos foram feitos justamente para dar ao Espírito essa ilusão de realidade, de maneira que, somente depois que o tempo transcorra por milênios, depois que seus passos se multipliquem ao infinito, no caminho áspero, e até que as provas se acumulem, gerando o conhecimento, a ilusão o empolgará e a Verdade ficará sempre atrás desse véu de matéria dourada.

Muito tempo leva o Espírito a compreender que a verdadeira vida, sendo puramente espiritual, mental, a matéria é unicamente uma aliada, uma auxiliar que, primeiro, o ajuda a se manifestar, exteriorizar-se e depois fica à sua disposição para ser usada de todas as formas até que, por fim, ele se aperfeiçoe e se levante para Deus.

Malsaído das faixas involutivas, isto é, das ondas fluídicas universais que lhe deram origem, o Espírito entra em evolução e passa a agir e a reagir, aprendendo assim todas as lições e obtendo todo o tirocínio, por meio dos reinos da natureza.

Começa sua peregrinação mais acentuada no reino vegetal porque a vida só se manifesta onde há substância orgânica, sendo os minerais unicamente material utilizável para obtenção dessa substância, mercê de transformações físicas e químicas.

Em seguida, passa o Espírito pelas formas mais rudimentares do reino animal — zoófitos, protozoários, etc. — sempre evoluindo, graças a esse princípio de força interior expansiva, cada dia que passa reconhecendo e revelando um pouquinho mais de sua luz interna.

Daí segue, no mesmo reino, para condições de vida mais adiantadas, cujas experiências todas assimila até que, por fim, consegue emergir na forma definitiva da espécie humana, onde entrou como componente de raças primitivas, nos tempos geológicos, quando cataclismos varreram a terra, alijando de sua superfície as espécies inconvenientes e muito brutas como, por exemplo, os animais chamados pré-históricos, preparando assim a casa e o cenário para o advento do homem civilizado.

E daí até hoje ele é qualquer um de nós — viajantes, que estamos, vindo de caminhos longos e ásperos, peregrinos cansados dessa jornada sem fim.

Esse homem, ontem primitivo e hoje semicivilizado, viveu durante séculos até conseguir desenvolver: primeiro a consciência, para obter conhecimento de sua individualidade; depois a razão, que é capacidade de análise e de julgamento; e agora está entrando no desenvolvimento da intuição, que lhe vai permitir viver em relações mais diretas e mais estreitas com os mundos espirituais.

Isto é o que sucede com o Ser desde sua criação até quando entra na espécie humana, como um dos seus indivíduos.

18

O NASCIMENTO TERRESTRE

Podemos agora verificar o que se sucede desde o momento em que, por seu próprio desejo, ou compulsoriamente, vem ao plano da matéria.

Nossa exposição vai ser feita com um Espírito atrasado, de conhecimentos rudimentares, como aliás todos fomos em dias que não vão longe.

Desde que foi decidida a reencarnação, imediatamente se estabelece uma ligação fluídica, muito tênue a princípio, entre o Espírito e a mulher encarnada na qual acaba de realizar-se o ato físico da concepção genésica.

À medida que o feto vai se desenvolvendo no ventre materno, esse laço fluídico vai se condensando e se retraindo, e o Espírito a ele preso vai sentindo, gradativa e progressivamente, uma poderosa atração na direção daquele corpo físico encarnado; vai se perturbando cada vez mais até um ponto em que fica completamente adormecido.

Nesse estado é trazido então pelos guias para junto da mulher encarnada, e durante todo o tempo restante da gestação, laços astrais poderosos vão se estabelecendo, célula por célula, entre o corpo da criança e o Espírito reencarnante até que, no ato do nascimento, se dá a incorporação definitiva e o Espírito mergulha, com um grito de angústia instintiva, neste mundo da matéria pesada e de trevas densas.

Nessa descida da trama da vida espiritual para a vida material, o despertar é demorado e dura todo o tempo durante o qual a criança cresce, até adquirir consciência de sua própria individualidade e do meio ambiente.

Jogando com esses cordões, ele começa a sofrer reações e, em consequência, a formar o seu critério a respeito das coisas.

Com essas reações, obtidas por intermédio do corpo físico, ele vai formando, como é natural, uma consciência própria, de coisas materiais, uma consciência física, concreta, restrita, para dentro da qual acaba, finalmente, por se transferir.

No fim, ele sente de tal forma o corpo, que este fica sendo elemento predominante, e daí o entrar ele definitivamente, como já vimos, na vida exterior do mundo da forma.

Durante o tempo de crescimento da criança, o Espírito está vivendo ainda como dentro de um nevoeiro, ainda meio aqui meio lá, comparticipando de duas vidas — física e etérea — e somente quando atinge uma certa idade quando, como já vimos, se estabelece a predominância das coisas físicas, é que ele esquece completamente o mundo astral e entra a viver definitivamente neste mundo grosseiro.

Nesse período, interessante é que costumam as crianças a apresentar fenômenos de dupla vista, vivendo com os Espíritos, conversando, brincando e comendo com eles, passando assim horas e horas em franca camaradagem.

Tenho visto ou sabido de crianças que preferem brincar com eles, a fazê-lo com seus companheiros terrestres.

Não se trata aqui de vidência por parte da criança, porque, com o tempo, tudo isso desaparece e vem infalivelmente a predominância do mundo da forma, mas há casos em que realmente há vidência e ela predomina durante a vida e não cessa com o crescimento.

Sei de casas antigas, solares vetustos e sombrios, onde as crianças, ao transitarem nos seus folguedos, encontram Espíritos sentados pelos cantos, passeando pelos corredores, escondidos pelos quartos, espiando pelas portas, como se estivessem vivos, e as crianças com eles se entretêm, como se no seu mundo estivessem e lhes oferecem doces e guloseimas e, muitas vezes, se aborrecem e choram, porque eles não podem comer, ou porque não querem brincar. Conheço uma senhora que, quando era menina estudava lições, fechada no seu quarto, com uma tia desencarnada, que fora professora.

Nesse período de sonho que é a infância, até as dimensões das coisas se alteram, porque os sentidos da visão não estão ainda desenvolvidos completamente para a trama das três dimensões e tudo parece grande, as casas, as árvores, as paisagens, as pessoas. A criança só se apercebe dos conjuntos e das aparências superficiais, mas nunca dos detalhes.

Cantam-lhe vozes desconhecidas nos regatos que fluem e no vento que sopra, mas ela não sabe o que é o regato nem o que é o vento.

Os pais são deuses; gênios e personagens maravilhosos, são todos os parentes e amigos.

Se for posta em contato com um leproso não lhe verá a lepra, mas vibrará ao som de sua voz como ao de qualquer outra e sentirá a luz da sua alma, como se ele fosse unicamente uma alma.

Por isso é que as crianças nos merecem todo o amor e conseguem comover os corações mais endurecidos. Por isso é que Jesus recomendou: — "Deixai que venham a mim as criancinhas". — E, noutra ocasião, disse também:

"Se não puderdes ser como as crianças não entrareis no reino dos céus." Como se dissesse: enquanto não tiverdes a sinceridade, a candidez, a simplicidade, a boa fé das crianças, não estareis em condições de conhecer, sentir a verdade, porque isso será sinal de que vosso coração ainda está muito contaminado pelas maldades do mundo.

❖

Mas, a infância passa, e com ela esse estado de sonho acordado ou vida sonhada.

Surge a juventude, cheia de encanto e de movimento, e o Espírito, nesse período, entrega-se e é tomado completamente pela ilusão da forma, pelos enganos e encantamentos do mundo fenomenal.

Maya — a deusa da ilusão —, o lindo símbolo criado pelos hindus, toma conta dele e o domina completamente.

Tudo o empolga pela sua beleza e pelo seu aspecto agradável; tudo é claro, luminoso e colorido. Só vê um lado das coisas: o lado bom, o lado bonito; o outro não existe para ele.

Só não gosta do silêncio e do escuro. Do silêncio, porque sua vida nesse período é toda de expansão, de exteriorização, vida que arrebenta para fora e o silêncio obriga a pensar, meditar, coisas incompatíveis com o arrebatamento que o empolga. Quanto ao escuro, porque o que o atrai é a luz, o movimento, a cor, a forma e, no escuro, tudo isso desaparece.

O Espírito nesse período é impulsivo, cheio de boa vontade, e seus sentimentos se expandem livremente sem convencionalismo.

Essa expansão é necessária porque coincide com a expansão da vida material, que o corpo físico está realizando nesse período de crescimento que, como sabemos, vai até aos vinte ou vinte e cinco anos.

Essa força de expansão representa também uma certa defesa contra o sofrimento que, nesse período, é muito menos sentido, e isso para que não se perturbe o crescimento do corpo físico e se processe normalmente a armação do cenário para a representação do drama que vai começar.

❖

E esse drama normalmente começa quando o Espírito entra na mocidade, quando a paisagem começa a perder sua coloração impressionista, quando a reflexão começa a penetrar na mente iludida e o Espírito começa a cair em si, sentindo já o sofrimento se aproximar; quando a luta pela vida se esboça e faz logo sentir o seu rigor, não permitindo desculpa alguma, vacilação alguma, comodismo algum, devendo ser encarada de frente; quando o Espírito precisa chamar em seu socorro todas as forças internas e externas que estão ao seu dispor, principalmente as externas, como a ambição, o desejo do bem-estar, da riqueza, do poder e da glória — que são forças de estímulo para manter o equilíbrio entre a matéria e o Espírito e enraizar a este na vida material para que dela não se furte.

Depois, quando tudo isso foi atingido bem ou mal, quando a casa foi levantada, bem ou mal, nesse trabalho de construção moroso e porfiado, que só a mocidade tem forças para realizar, o Espírito aí se refugia para abrigar-se das intempéries e para repousar de seus labores mais árduos.

Nessa hora, já ele não está gostando muito, como antes, das coisas materiais; já compreendeu que há muita ilusão em tudo isso; já está, nessa altura, voltando-se mais de preferência para os valores reais, para os sentimentos do coração. Já começou a olhar o mundo com uma certa superioridade moral, como que a dizer-lhe: você já não me domina tanto como antigamente, já o conheço um pouco.

Enfim, volta-se para as coisas sérias.

❖

É a idade madura, durante a qual tudo se concretiza, sedimenta e se revela a uma luz diferente.

Dá-se nesse período um balanço da vida e grandes transformações ocorrem no íntimo do Ser. Ele firma então suas convicções e faz seus planos para a derradeira etapa.

E essa não tarda. A desilusão vem vindo aos poucos, completamente.

Tudo perde o encanto e a graça. Os últimos ímpetos da força vital expiram, adormecem, no corpo físico. Todo o mundo exterior vai se escurecendo, tornando-se nebuloso e inexpressivo. É a chama da vida que está se apagando no corpo gasto.

É a velhice, a decrepitude.

Nesse período, o Espírito já vai se voltando lentamente para o Além, desprendendo-se das coisas materiais e Maya — a ilusão — de há muito se afastou de seus horizontes enevoados.

E lá está ele no seu canto agora, remoendo as suas coisas que ninguém mais entende, com suas veias entupidas, por onde o sangue quase não mais circula, quase cego, trôpego e inerte, enquanto à sua volta a vida, sempre renovada, esplende e domina pelo movimento, pela luz, pelo som, pela cor.

19

A MORTE

Esta é a vida normal que o homem vive, segundo as leis da natureza, e quando morre, segundo essas leis, ao fim de seus dias.

O homem evoluído sente a aproximação do transe e este se dá tranquilamente, sem sofrimento ou sobressalto, porque, mesmo nos casos de moléstias cruéis e penosas, nos momentos que antecedem ao traspasse, é o corpo invadido por uma anestesia natural, por um entorpecimento geral gradativo, que lhe tira completamente a sensibilidade física.

Os laços que unem o perispírito à matéria, muito antes do transe final já estavam sendo separados, de maneira que a sensibilidade corpórea já estava muito reduzida.

E, ao tempo que isso acontece em relação ao mundo físico, cresce e se amplia essa sensibilidade em relação ao mundo hiperfísico: muito antes do transe já o Espírito está penetrando no mundo astral invisível.

Quando vemos o corpo físico no estado chamado coma, sem conhecimento e já se enregelando, o Espírito já, há muito, está com sua consciência despertando no outro mundo do qual, às vezes, volta no último momento para despedir-se de entes queridos, dar instruções derradeiras a respeito de assuntos domésticos, ver e falar pela última vez com pessoas que estão para chegar, etc.

Mas, rompidos afinal os laços físicos, e transcorrido um tempo correspondente a mais ou menos quatro ou cinco dias terrenos, o Espírito se desprende e desperta completamente no mundo etéreo, onde é recebido por amigos desta e de outras encarnações, em seguida ao que é conduzido por seus guias ao local onde deve ser mergulhado em sono de readaptação mais ou menos longo, mais ou menos curto, segundo o seu próprio desenvolvimento espiritual.

Para o Espírito atrasado, todavia, a morte é quase sempre um episódio dramático e aterrorizante, porque nele prevalecem as paixões materiais e são negligenciados os problemas de aspecto espiritual que dão luz ao entendimento e fortaleza à alma.

Esses, infelizmente, têm a alma em andrajos, enquanto que o corpo trazem-no muitas vezes coberto de brocados e veludos. Seguem seu caminho insensatamente como imperadores de um domínio ilusório.

❖

Durante esse sono, a alma vai se despindo, por assim dizer, de todas as imperfeições de que conseguiu libertar-se na última prova; vai-se despindo como se fosse de mantos, de todos os erros que conseguiu corrigir, e a cada manto que cai, torna-se mais clara, mais luminosa, porque sua luz está dentro de si mesma e não fora; cada manto que cai põe a centelha divina, que é o Espírito, um pouquinho mais visível e por isso a alma vai ficando mais luminosa.

Esse é o sono, vamos dizer, do *desnudamento espiritual* porque, quando dele acordar, a alma se encontrará com a luminosidade que lhe for própria, segundo o grau de purificação que até aquele momento conseguiu alcançar.

Esse sono é um balanço que a alma se dá, um profundo exame de consciência e um inexorável acerto de contas, porque com a luz que dali sair, com essa é que viverá no mundo dos Espíritos, caminhará por suas estradas e habitará a esfera que lhe for correspondente.

Quanto mais elevado o Espírito, mais resplendente é essa luz, a ponto tal que às vezes não pode ser encarado, porque deslumbra.

Esses Espíritos de muita luz, quando querem se fazer visíveis para outros mais atrasados, são obrigados a cobrir-se de matéria mais densa, de fluidos mais pesados, promovendo, às vezes, verdadeiras materializações para poderem ser notados, mesmo aos habitantes do mundo etéreo.

Nesse período chamado *primeiro sono da alma*, o Espírito fica em repouso e de forma alguma é perturbado.

Quando os Espíritos sofredores são trazidos pelos guias para serem doutrinados nas sessões espíritas, eles não entraram ainda nesse sono que precede o despertar definitivo: acorrentados e perturbados pelos seus erros ou por efeito de mortes súbitas e violentas, não estão ainda completamente desencarnados, pois existem ainda fortes ligações de seus perispíritos com o mundo da carne.

A doutrinação, nesses casos, vem esclarecê-los sobre seu verdadeiro estado e quebrar essas últimas ligações astrais, que impedem o despertamento integral e o adormecimento reparador.

Até que, por fim, despertando a seu tempo desse sono repousante, a alma inicia, sob bons ou maus auspícios, sua vida no mundo etéreo, nesse mundo maravilhoso de belezas e de possibilidades, nossa verdadeira pátria, da qual temporariamente nos afastamos para corrigir defeitos ou adquirir méritos.

20

O MUNDO ETÉREO

Mas como é esse mundo etéreo? Onde fica? Como é a vida ali?

Três perguntas que não podem ser respondidas com meia dúzia de palavras, tal sua extensão.

O que se sabe com certeza é que esse mundo é semelhante ao mundo físico. Semelhante, porque, ali, vemos os mesmos homens, as mesmas mulheres, as mesmas crianças e os mesmos velhos; os feios e os bonitos, os altos e os baixos.

E as aglomerações urbanas, formando vilas e cidades, edifícios, ruas, avenidas e jardins; as mesmas paisagens coloridas, árvores, folhas e frutos. E na alma dos homens e das mulheres os mesmos vícios e as mesmas virtudes, os mesmos erros e os mesmos acertos.

Mas, perguntarão: não há, então, nada de sobrenatural no outro mundo?

E a resposta é esta: não há.

Lá, como aqui, a vida é sempre a mesma, salvo, é claro, as diferenças decorrentes da mudança de ambiente e do veículo de manifestação individual: aqui o corpo de carne, lá o perispírito.

E nem podia ser de outra forma, porque as leis da vida e da manifestação do Ser são idênticas para todos os mundos e uniformes em todo o Universo — porque tudo é um, e tudo está contido no Todo.

A sabedoria antiga já dizia isso mesmo.

Lembrem-se do Signo de Salomão — desenhado pela cabala: — dois triângulos cruzados com as pontas em oposição para baixo e para cima, a confirmar, pela forma geométrica, o axioma hermético do antigo Egito: "o que está embaixo é como o que está em cima e o que está em cima é como o que está embaixo."

Repito: nem poderia ser de outra maneira, porque lá como aqui, quem construiu e constrói a vida do mundo é o homem, e o homem de lá, como o daqui, são semelhantes.

Trata-se de um homem ativo que está sempre trabalhando, que de vez em quando muda de casa e de aspecto, ora aparece nesta, ora naquela, mas, que não muda de instintos, nem de pensamentos, nem de propósitos assim de repente.

Trata-se de um viajante que vem de longe, e que, conforme a região que atravessa, muda de roupa e de equipamento. Se está nas regiões polares, cobre-se de peles até os olhos e se mete em iglus cavados no gelo; se no Equador, usa roupas leves e vive debaixo de árvores de sombra; se viaja nos ares, transporta-se em aparelhos de voos; se no fundo dos mares, em submarinos. Mas é sempre o mesmo viajante com seus erros, vícios, virtudes...

❖

Outra coisa que nós sabemos é que os mundos se sobrepõem, se interpenetram existindo, vamos dizer, como se fossem uns dentro de outros; no mesmo espaço, se espaço existisse haveria uma série de mundos coexistindo.

O que permite isso é a diferença de suas respectivas vibrações. Cada mundo tem a sua. Formados todos da mesma matéria-prima primordial — substância cósmica universal — ganharam, todavia, densidades diferentes, aspectos diferentes, vibrações diferentes.

Há muitas esferas de manifestação para o Espírito vivente.

Em relação ao nosso planeta há sete esferas de manifestação e os Espíritos, após o seu desencarne, habitarão dessas esferas a que lhes for correspondente, segundo seu adiantamento.

Dessas esferas, quatro correspondem às regiões inferiores e três às regiões superiores do céu (espaço).

Muitos desses Espíritos, supostamente adiantados, que costumamos chamar de guias, mensageiros, protetores, habitam ainda as esferas inferiores, se bem que estejam, às vezes, muito acima de nós outros, posto que as regiões superiores somente são atingidas por Espíritos de mente evoluída e poderes espirituais elevados.

O Espírito, sem deixar de ser o que é, mas sempre evoluindo, manifesta-se nessas diferentes esferas, usando para cada uma o veículo de manifestação que lhe for próprio.

Cada erro que corrige em seu campo moral, cada conquista que obtém em seu corpo espiritual, são outros tantos envoltórios pesados que alija de seus ombros, passando a viver de cada vez em um mundo de vibração mais elevada, até chegar tão perto de Deus, que poderá, quem sabe, contemplar a Verdade face a face.

Mas, seja qual for o mundo em que viva, sua vida aí será sempre objetiva, real, concreta, vida de ação e de trabalho, de lutas e de sofrimento, enquanto estiver preso à roda purificadora das reencarnações.

No mundo etéreo, tem o homem suas habitações como aqui, sua vida social, suas distrações, seus estudos, suas decepções; porém, possibilidades muito maiores de realizar suas aspirações e seus desejos, porque lá o pensamento tem uma força decisiva, bastando dizer que é por meio dele que o Espírito se locomove, transmite suas ideias, erige suas construções, levanta suas cidades, realiza suas obras de arte e de ciência. Com ele, enfim, transforma em atos suas vontades.

Ali a matéria, sendo de vibração muito mais alta, é mais plástica, não oferece a resistência que aqui conhecemos.

Nesse mundo astral tudo é fácil, suave, agradável, luminoso e as cores têm uma vitalidade muito mais forte e um mais forte encantamento exercem sobre os órgãos da visão.

E como os sentimentos e os pensamentos, todos se refletem na aura individual, dando-lhe cores determinadas, todos levam refletidos em si mesmos, em forma luminosa e colorida, suas qualidades morais, seus erros, seus vícios, suas maldades, como também suas virtudes.

Sua luz revela seu caráter e sua hierarquia.

Cada Espírito que passa é uma luz que passa, mais ou menos clara, mais ou menos colorida.

A luz dos Espíritos elevados é tão forte e resplandece tanto que, quando se aproximam, os Espíritos inferiores baixam a fronte e tapam os olhos, porque ficam deslumbrados.

Os agrupamentos de Espíritos elevados resplandecem como grandes clarões ou incêndios, ao passo que os de Espíritos inferiores são manchas escuras, nuvens de cores pardas ou negras. Nas grandes assembleias, quando os Espíritos de determinado plano são reunidos para ouvir a palavra dos instrutores, a tonalidade viva e o colorido intenso da paisagem delicada se combinam com os reflexos luminosos de cada Espírito presente, formando então um conjunto multicor de beleza surpreendente.

Nessas assembleias os grandes Espíritos, às vezes, se manifestam e o próprio Cristo vem, na forma de um resplendor maravilhoso, ou de uma grande cruz deitada sobre o horizonte incendiado, mas sempre precedida à aparição de fluidos tão fortes, de vibração maravilhosa que o espaço, em toda a extensão, fica intensamente vitalizado e uma suavíssima emoção, um sentimento de profundo recolhimento, penetra o coração de todos, enchendo-lhes as almas de novas esperanças e de novos e poderosos alentos.

Se, em nossas sessões habituais, em que geralmente lidamos com sofredores e Espíritos medíocres, nos sentimos muitas vezes saturados de fluidos, pela simples aproximação de uma entidade um pouco acima de nós, imaginemos o que não serão as ondas de fluidos derramadas nos espaços siderais pelos grandes Espíritos diretores de mundos!

❖

Mas, para que tentar descrever a vida que todos já vivemos e que teremos de rever dentro de muito pouco tempo?

Esforcemo-nos, isso sim, para sermos dignos dela e para lá podermos permanecer mais tempo, sem necessidade de retornarmos a este mundo pesado e sombrio.

Encaremos os nossos defeitos frente a frente, a fim de combatê-los como um soldado consciente de sua força, e coloquemos o nosso coração à nossa frente como uma lâmpada, para que a luz do Senhor ilumine os caminhos da nossa rota, que até aqui tem sido muito penosa, mas que, de hoje para diante, porque buscamos a Verdade e tentamos viver a nossa vida de acordo com os preceitos do seu Evangelho, nos será muito mais suave e o nosso caminho muito mais largo e muito mais agradável.

Somos muito maiores do que pensamos ser, realmente muito maiores.

Limitadíssima, a nossa mente quando expressa pelo cérebro físico, isto é verdade. Mas, muito grande e muito ampla, quando se manifesta no mundo etéreo, porque ali está ela completa, visto que se integrou com a mente subliminal.

Neste plano físico, funciona a *mente menor*[3], somente esta; mas, no plano do Espírito, age a *mente maior*, a nossa, a que vem conosco do fundo das idades, desde o princípio da evolução.

Ao irmos para o Além, levamos conosco as lembranças terrenas, mas estas vão se apagando, lentamente, enquanto que nós vamos passando a ser dirigidos, governados pela *mente maior*, "a mente total, a que nos tem feito o que somos, mesmo sem o sabermos".

❖

Um humilde pensador religioso, estando nas imediações do Monte Branco, frente àquela grandiosidade exclamou:

— "Tudo isto dá uma impressão de durabilidade, de solidez, de grande calma. De tais alturas quão grande parece o mundo e quão pequeno o homem!

---

[3] Ver elucidações a respeito em *Lendo e Aprendendo,* do mesmo autor, temas 172, 173 e 175. (Nota da Editora)

Esta mole gigantesca durará tanto, que parecerá eterna."

Mas, uma voz, vinda não se sabe de onde, lhe respondeu de pronto:

— "Homem, não te enganes.

A pobre mulher acabrunhada de cuidados, mas que espera, ama e trabalha; o pensador e o crente que marcham pela noite, guardando a sua confiança na luz; o pobre que alivia o pobre; o aflito que consola o aflito; o ofendido que perdoa; os mártires que morrem pela ciência, pela fé, pela justiça, pela Pátria; esses todos são mais altos que estes cumes, porque neles habita uma beleza mais pura que o azul dos céus e a brancura das neves; uma força que já existia antes que estes cumes e uma grandeza que se manifestou muito antes que estas montanhas nascessem, força e beleza que são do Espírito, e que sobreviverão mesmo depois que estas moles gigantescas sejam, com o correr dos séculos, reduzidas a pó."[4]

❖

Tenhamos sempre presente que não há perdição nem salvação, mas sim e sempre evolução, progressiva e inexorável, na qual nosso livre-arbítrio, isto é, nossa vontade, é um elemento preponderante.

Quem andar mais depressa chegará primeiro e quem andar mais devagar chegará mais tarde, mas todos chegarão, porque o Espírito criado é imortal; não pode ser destruído, como também não pode ficar imóvel, fora do movimento da eternidade.

---

[4] Wagner.

Não façamos como a mulher de Ló, que olhou para trás e foi transformada em pedra de sal.

Nosso objetivo é ir sempre para diante e unicamente o que está na frente é o que nos interessa. O passado é tenebroso e não devemos nos preocupar com ele. Não interessa o que já se foi, quando sabemos que fomos o pior possível, mas interessa o que poderemos ser, o que havemos de ser e já estamos começando a ser: Espíritos conscientes de sua natureza divina, tendo pela frente uma rota maravilhosa de possibilidades e belezas espirituais para viver e para gozar; e órgãos de sentimento e de compreensão que podem desde já ser levados a alturas extraordinárias até abranger a todo o gênero humano pelas leis do amor e da unidade.

Não façamos como a mulher de Ló.

Para trás de nós veremos trevas, mas, para a frente, no fundo do horizonte incendiado, marcado por uma cruz redentora, a casa de Deus resplandece, em toda sua luz e em toda sua glória.

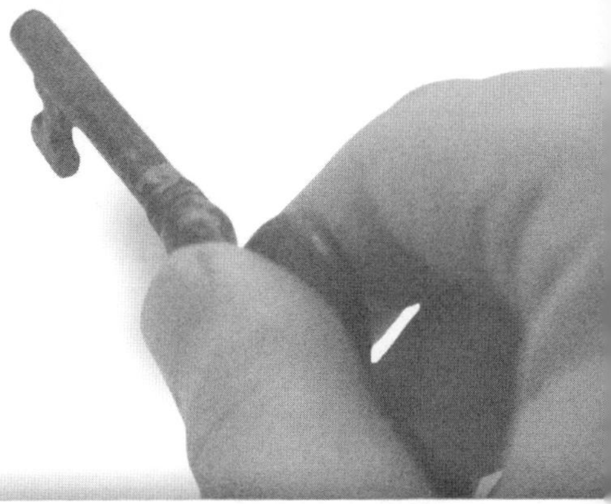

O LIVRE-ARBÍTRIO

Poderoso Fator de Evolução

PREÂMBULO

A ação consciente de livre-arbítrio é um atributo do homem livre. Esse livre-arbítrio tem originado funda controvérsia, tanto no que respeita a ele mesmo, como quanto às consequências que acarreta.

Uns o admitem, outros não; uns com maior, outros com menor amplitude.

Entre os primeiros, há divergências de compreensão e de interpretação: ora envolvem o conceito da volição tão amplamente, que o conduzem à verdadeira egolatria; ora impõem-lhe limitações tão radicais que, afirmando-o, ao mesmo tempo quase o negam.

Dizem uns que ele não passa de uma faculdade, não tendo a força de uma lei, enquanto outros o dão como mera possibilidade e, assim mesmo, relativa.

Determinismo, fatalidade, destino, acaso, tudo isso entra em jogo para tornar ainda mais complexo o problema. Mas, para nós, como espíritas, tudo se simplifica com o simples conceito de que temos liberdade de fazer o que quisermos assumindo, é óbvio, a responsabilidade de nossa opção.

O axioma espírita que se refere ao assunto é este: "a semeadura é livre, mas a colheita é obrigatória".

Mas, considere-se que essa liberdade é condicionada e regulada por leis preexistentes, podendo-se figurar a seguinte imagem: caminhamos dentro de um corredor e nele podemos andar mais depressa ou mais devagar; para a frente ou para trás; para um lado ou para outro, como, também, ficarmos parados, mas tudo sempre dentro do corredor, sem poder sair dele.

Essa impossibilidade significa a força das leis irrecorríveis de Deus, sempre presente em tudo.

Assim sempre sucede nos graus inferiores e médios da escada evolutiva, até que o Espírito ingresse em estados existenciais mais elevados, acima da natureza humana, sobrepondo-se ao Mal e agindo pelo Bem, nas elevadas vibrações do amor universal. Para ensinar o caminho desse estado de sublimação espiritual é que Jesus encarnou na Terra e sofreu o holocausto cruento do Gólgota.

Como regra geral, podemos dizer que temos liberdade de agir bem ou mal, ou de nos abstermos: isso é livre-arbítrio. Mas como todos os atos geram consequências, essas passam a escapar à nossa vontade, caindo no campo das coisas inevitáveis.

Para orientar o nosso estudo, debateremos as seguintes teses:

1) O Espírito, criado simples e ignorante, ao entrar no reino humano, recebe de Deus, como preciosa outorga, a liberdade de agir por si mesmo e, em consequência, uma organização psíquica que lhe permite o uso dessa liberdade, racional e conscientemente.

Essa liberdade, todavia, não é absoluta, por sofrer limitações provenientes do meio em que vive e do plano divino, sendo tanto mais ampla e completa quanto mais evoluído o homem estiver.

2) O livre-arbítrio, consequência dessa liberdade, exerce-se sob influência de forças antagônicas do Bem e do Mal, que aceleram ou retardam a evolução.

A faculdade volitiva pode atender ou deixar de atender a essas forças como, ainda, opor-se a elas e seguir rumos arbitrários. Porém, o rumo certo, que recebe dos Planos Divinos, é sempre no sentido do Bem e do amor aos semelhantes, por ser o Espírito uma partícula divina evoluindo em mundos baixos.

3) Outros fatores que interferem no livre-arbítrio: o acaso, o destino, a fatalidade e o fatalismo.

4) A liberdade de agir traz responsabilidades e o ser encarnado, com seus atos, constrói seu próprio destino, na terra e no céu, com felicidade ou com desventura.

O livre-arbítrio possui limitações que, também, de muitas formas, influem sobre as consequências do futuro; doenças físicas ou psíquicas; acidentes não provocados ou previsíveis; força maior proveniente de seu próprio meio e para cuja neutralização não possuía elementos suficientes, etc.

5) Os resgates das dívidas do passado que motivaram sua atual reencarnação devem ser considerados com especial cuidado, para que não sejam contrariados mas, muito ao contrário, auxiliados; tenham total suficiência e dele o Espírito se liberte; esta deve ser preocupação dominante na mente dos encarnados enquanto viverem na Terra e todos os recursos de que puderem lançar mão devem ser utilizados para que os resgates se cumpram em plenitude.

Para auxiliar esse esforço criou-se, em 1950, a Escola de Aprendizes do Evangelho, na qual encontrarão os aprendizes não só orientação, como auxílio e campo de trabalho para que realizem seus resgates e ao mesmo tempo se preparem espiritualmente para não mais incidirem em transgressões das leis divinas, aproveitando integralmente o tempo de que dispuserem na presente encarnação e, assim, libertando-se das reencarnações punitivas.

São Paulo, 1979

O Autor

1

ORIGENS DO ESPÍRITO

"O Espírito é criado simples e ignorante."[5] É uma partícula divina que, para empreender sua vida individual, tornar-se uma entidade viva, manifesta e tangível no ambiente do mundo fenomenal, necessita de um corpo aparencial e formas objetivas próprias.

Para isso inicia, então, sua passagem por diferentes planos da criação divina, de cada um dos quais recebe um agregado de substâncias fluídicas, que lhe vão formando envoltórios de proteção cada vez mais densos, à medida que desce a planos mais inferiores.

Esse processo de corporificação exterior da partícula não representa, como se vê, uma involução própria dela, mas uma descensão pelos planos fluídicos capazes de lhe proporcionarem as condições de corpo e forma aparencial necessários às suas atividades nesses planos.

Atingindo o ponto mais baixo da involução, inicia a partícula o movimento contrário, de evolução, de regresso à origem, que se processa por meio dos diferentes reinos da Natureza física nos mundos materiais até o momento em que, tendo se libertado dos envoltórios mais grosseiros, por efeito das provas a que foi submetida, possa atingir os estágios espirituais superiores onde vive, colaborando na obra divina da criação, os Espíritos que já adquiriram sabedoria e pureza convenientes.

---

[5] *O Livro dos Espíritos,* questão nº 115. (Nota da Editora)

As etapas de sua trajetória nos reinos inferiores são muito lentas, porque a partícula vive, de início, unicamente a vida sensorial e de instintos, mas, quando atinge o reino humano, seu processo se acentua grandemente, porque nesse momento, com a conquista da razão, adquire também o livre-arbítrio, poderosa alavanca de sua perfectibilidade, no futuro.

2

CONSTITUIÇÃO PSÍQUICA

Para as religiões chamadas "cristãs" ou delas derivadas, o homem se constitui de um corpo físico e de uma alma.

Para as religiões orientais em geral essa constituição é muito mais complexa, havendo outros elementos formadores a considerar, dentre os quais o mais ponderável é **a mente**, que se classifica como instintiva, intelectual e espiritual; a instintiva regulando as funções orgânicas do corpo físico, a intelectual as do cérebro e a espiritual as do Espírito propriamente dito.

❖

Para o espiritismo existem simplificações. As elevadas Entidades espirituais que ditaram ao Codificador Kardec os fundamentos da Doutrina dos Espíritos que ele, para mais personalizá-la, denominou espiritismo e, considerando essas Entidades a necessidade de oferecer ao mundo uma religião-ciência, que representasse um avanço do conhecimento espiritual, devido ao atraso em que a humanidade permanecia pela má divulgação dos ensinamentos evangélicos trazidos ao mundo por Jesus de Nazaré, ditaram a Kardec um rol de conhecimentos acessíveis, simples e de fácil assimilação, confirmando revelações essenciais anteriormente divulgadas e, ao mesmo tempo, revelando coisas novas e mais concordantes com as verdadeiras realidades espirituais e com o progresso evolutivo.

Dessa forma, ao complexo conhecimento da estrutura do Espírito encarnado sugeriram uma formação simplificada de — **Espírito, perispírito** e **corpo físico** — conforme o esquema seguinte:

Constituição do homem encarnado	Espírito —	o ser imortal que evolui;
	Perispírito —	o envoltório psíquico de proteção;
	Corpo físico —	o elemento-base; apropriado às atividades nos mundos materiais.

Perispírito	Corpo etéreo[6] —	para recepção e transmissão das energias vitais;
	Mente —	área perispiritual por meio da qual o Espírito encarnado se manifesta no meio exterior.

Essa simplificação é o mínimo admissível para permitir ao Espírito encarnado agir no meio ambiente, controlar o corpo físico e ligar-se com os planos espirituais de origem.

[6] A Editora ressalta que o autor está expondo o conhecimento à época da Codificação. Atualmente, os estudiosos consideram o corpo etéreo como sendo um dos corpos materiais, isto é, não acompanha o Espírito após o desencarne. (Nota da Editora)

3

LIBERDADE DE AÇÃO

No esforço da evolução, a liberdade é do homem, as leis são de Deus. O homem, usando dessa liberdade, traça seus rumos e Deus, pela Providência, marca seus limites, ilumina-lhe os caminhos e ampara-o nas suas quedas.

A liberdade é, pois, a base fundamental do livre--arbítrio e pode ser usada por intermédio dos atributos essenciais do Espírito que são, inteligência, vontade, razão e sentimento.

O livre-arbítrio, propriamente, não é uma lei cósmica, mas uma outorga divina; uma faculdade que dá ao homem o direito de opinião própria e de decisão livre: faculdade de julgar por si mesmo, compreender por si mesmo, decidir por si mesmo.

É uma prova imensa da bondade de Deus e foi dada ao homem como um bordão de apoio para adquirir consciência e méritos próprios.

Se a faculdade não existisse, a "seidade", isto é, a consciência própria, não teria razão de existir, nem tampouco o teria a individualidade espiritual; forças escusas e escravizadoras dominariam o mundo e o homem; a própria criação divina seria inexpressiva, porque, se não houvesse seres espirituais inteligentes e livres que a compreendessem e a julgassem, para que existiria então?

E, como a criação é perfeita, justa e sábia, não se conceberia jamais a existência de Espíritos criados inertes e passivos, ignorantes e escravos, habitando mundos sonolentos e silenciosos. O livre-arbítrio é, pois, um atestado de liberdade para o Espírito criado, uma possibilidade de afirmar-se, de caminhar por seus próprios pés, de adquirir méritos para elevar-se a regiões espirituais superiores, de combater e de abrir por si mesmo seu caminho para as luzes e as verdades eternas.

É, ao mesmo tempo, a marca de uma criação mais alta, de uma hierarquia, de uma espécie, de um reino de vida mais elevado, cujas características são sabedoria e amor eternos.

Essa faculdade maravilhosa e benéfica, contudo, sofre condicionamentos, flutuações e impedimentos. Condicionamentos, porque é adstrita ao indivíduo livre e se elabora nele como um processo subjetivo; flutuações, porque sua aplicação varia conforme as paixões e pensamentos predominantes no indivíduo; e impedimentos, porque dentro do homem, como fora dele, forças diferentes e diferentes circunstâncias, até mesmo físicas, podem alterar sua livre manifestação.

Mas, a faculdade em si mesma é sempre estável e pertence ao homem como uma dádiva de Deus, desde quando, evoluindo, atinge o estado de razão e discernimento.

Falamos já da Providência, cuja ação se verifica quando o Alto julga necessário intervir no sentido de orientar, iluminar, intuir o Espírito humano para maior acerto de suas decisões; quando, também, tenha este fracassado na aplicação dos meios que lhe são próprios, e se desorienta ou se desespera. Intervém, ainda, para contrariar decisões tomadas quando estas podem acarretar males de caráter geral, ou representam atentados às leis divinas.

À medida, porém, que evolui, o campo humano de ação vai-se ampliando e sua capacidade de exercer a faculdade se desdobra e se consolida.

Como um princípio podemos dizer que o livre-arbítrio individual deve ser sistematicamente respeitado e somente devemos interferir, alterando-o ou opondo-lhe limitações, quando isso possa ser justificado pelo benefício do indivíduo ou da coletividade.

4

O USO DA LIBERDADE

A extensão do uso da liberdade segue os passos da evolução, tanto no que respeita ao indivíduo, como às coletividades.

À época da *Primeira Revelação,* tendo em vista serem os hebreus um povo primitivo, teve Moisés de mantê-lo preso durante longos anos no deserto, em torno aos mistérios da Arca, para assim impedir a livre manifestação de seus instintos bárbaros.

O Decálogo representa realmente uma limitação imposta ao livre-arbítrio daquele povo rude, todavia justificável, porque o missionário Condutor de homens reconheceu a necessidade de encaminhá-lo para a vida moral, visando sua gloriosa destinação, devido à sua comprovada fidelidade religiosa.

Quinze séculos após, com a *Segunda Revelação*, Jesus Cristo, que já não se dirigia mais a um povo, mas a toda a humanidade, apontou aos homens campos mais dilatados de conhecimento espiritual e de liberdade, dando-lhe o conceito do amor de uns pelos outros e a advertência expressiva da fraternidade universal.

Outros vinte séculos passados, a *Terceira Revelação*, pela voz do Paracleto prometido por Jesus a seu tempo, pôde agora oferecer aos homens atuais visões ainda mais dilatadas de ação pelo conhecimento das vidas sucessivas e pela responsabilidade de cada um, na conquista de sua própria redenção espiritual, com o emprego consciente e acertado de seu livre-arbítrio individual.

O espiritismo, desvendando alguns mistérios ainda não revelados da vida espiritual, promovendo de forma positiva a reforma moral dos homens encarnados, oferece realmente um campo muito mais amplo e possibilidades muito maiores do emprego de sua liberdade individual.

Pelas luzes que nos vieram com este corpo maravilhoso de conhecimentos amplificados, pesadas e medidas as consequências boas ou más de nossos próprios atos, devemos agora assumir deles responsabilidade total, mais consciente e integral, não nos esquecendo da advertência do Mestre quando disse que "a quem muito for dado muito será pedido".

Nos tempos primitivos, os impulsos humanos levavam os homens à prática de brutalidades e de feroz egoísmo, para poderem enfrentar o ambiente em que viviam e as leis naturais que eram as da força bruta. Hoje, o mesmo livre-arbítrio os leva a erigirem hospitais e asilos, a interessarem-se pelo bem-estar do próximo e pelo respeito a uma liberdade recíproca cada vez mais ampla e consentida; e na mesma ascensão moral, amanhã serão levados a quebrar os últimos laços que os prendem à matéria grosseira, a fim de poderem alçar-se às regiões luminosas da vida espiritual superior.

❖

O livre-arbítrio, quando mal-empregado, conduz a erros e gera consequências ruinosas que atentam contra as leis de Deus, que visam sempre a paz, a harmonia e a justiça. Por outro lado, quando sua compreensão, e a responsabilidade que de seu emprego decorrem, penetram nosso entendimento, um grande temor nos invade de agirmos mal, mormente considerando a extensão de nossa atual ignorância em relação às coisas divinas e das nossas imperfeições morais, que ainda pesam muito na balança do julgamento divino...

Sentimos que não agimos como deveriamos, muito embora o desejássemos; sentimos que a matéria nos asfixia nas suas sombras e tentações, e que nosso Espírito nem sempre encontra em si mesmo elementos de segurança e de fé necessários a uma ação reta, justa e esclarecida; sentimos também que somos ainda impermeáveis aos influxos, às inspirações e aos conselhos dos Guias, razões pelas quais nos quedamos muitas vezes desanimados, irresolutos e desorientados.

Rodeados de paz, de luz e de amor, que nos vêm do Alto, todavia, perecemos nas sombras e na inquietação, por não sermos capazes de captar essas dádivas preciosas que nos vêm como auxílio, para que vençamos nossa jornada evolutiva neste mundo.

Por essas lutas, aliás, que todos passamos na evolução, como nos prova o apóstolo Paulo quando diz em sua epístola aos romanos: "Nós sabemos que a lei é espiritual, mas eu sou carnal, vendido ao pecado. Não sei o que faço: o que eu quero não o faço e faço aquilo que odeio. Ora, se faço aquilo que não quero, reconheço com isso que a Lei é boa; mas então não sou eu mais que reconheço que não sou eu mais que o faço, mas o pecado que habita em mim. Sei com efeito que o Bem não habita em mim, isto é, na minha carne, porque o querer está ao meu alcance, mas não o poder de o fazer perfeitamente. Assim, pois, não faço o Bem que quero e faço o Mal que não quero. Ora, se faço o que não quero, não sou eu já que o faço, é o pecado que habita em mim. Encontro pois em mim esta lei; quando quero fazer o Bem, o Mal está perto de mim; porque me deleito na lei de Deus segundo o homem interior, mas vejo nos meus membros outra lei que luta contra a lei do meu Espírito".

Nessas horas de incertitudes ou de vacilações, lembremo-nos que houve um Mestre infalível que apontou rotas seguras e objetivos claros nos horizontes da vida. Pois Ele disse: "Sede perfeitos como vosso Pai que está nos céus". Mas qual é esta perfeição do Pai já que o Pai para nós não é acessível?

E Ele responde: "Eu e o Pai somos um e ninguém vai ao Pai senão por mim". Bem, torna o homem: compreendemos agora que o Pai é acessível na Tua pessoa sagrada; mas como obter a perfeição? E Ele responde: "Eu sou o caminho, a verdade e a vida, e quem crer em mim será salvo".

Assim, pois, a orientação segura, a que nos impedirá de agir mal e de atentar contra as leis de Deus, é obedecermos às regras de conduta apontadas pelo Divino Mestre nas páginas de Seu Evangelho de amor e de redenção.

Para auxiliar os homens nesse esforço de evolução criou-se, em 1950, a Escola de Aprendizes do Evangelho, onde os alunos aprendem e praticam a vivência evangélica pela reforma íntima em espírito e verdade. Por essas Escolas têm passado milhares de pessoas, notadamente os jovens e continuam a passar numa sucessão contínua e cada vez mais numerosa, à medida que: 1º) compreendem sua finalidade redentora; 2º) dispõem-se a inscrever-se nelas pela necessidade que sentem de evangelizar-se, para redimirem-se.

Pode-se dizer, conquanto hajam exceções, que os homens antigos, apesar de possuírem o livre-arbítrio, não tinham diretrizes exatas religiosas para orientarem sua conduta.

Essa falha foi preenchida em grande parte pelo Decálogo de Moisés, que era rude e sumário, porém foi um primeiro e seguro passo rumo à conquista da vida moral.

Com Jesus, a orientação completou-se e ampliou-se, e os homens, a partir daí, nada mais podem alegar para justificar seus erros e maus impulsos em relação aos seus semelhantes.

Esses ensinamentos são tão perfeitos que são norma de vida moral não só para os homens da Terra, mas também de outros orbes do nosso sistema planetário, e por que não dizer, do próprio universo?

Só não os seguem aqueles que não o querem ou que não amadureceram ainda para uma vida além da própria dos brutos.

5

O BEM E O MAL

No limiar do estudo do livre-arbítrio, devemos colocar o conhecimento do Bem e do Mal, porque, nos graus inferiores e médios da evolução humana, é entre estes dois pólos da vida do Espírito que seu movimento ascensional se realiza.

Para o homem, essa noção de Bem e de Mal evoluiu com os tempos, de sua primitiva concepção totêmica para as representações materiais objetivas, que são as que estão reveladas nos códigos religiosos mais remotos.

Consubstanciou-se de início nessas duas entidades distintas, sobrenaturais e todo poderosas, que passaram então a receber as reverências da inteligência humana rudimentar e supersticiosa.

Modificou-se, mais tarde, quando a razão evoluiu para concepções mais elevadas e acertadas, e assentou-se por fim em fundamentos sólidos, como um conhecimento racional não mais sujeito a dúvidas ou negações.

❖

Essa tendência que o Espírito humano tem de dramatizar as coisas divinas e personalizá-las, foi a tal ponto, que ainda hoje existem religiões que consideram Deus e seu adversário, o Diabo, como entidades sobrenaturais que personificam o Bem e o Mal, enquanto que, para outras, nas quais Deus transcende a limitações, Bem e Mal são entidades abstratas, de menor hierarquia, deuses secundários ou gênios e anjos que, para os materialistas, não passam de superstições.

No ocidente, foi com Swedenborg que a concepção se estabeleceu como *princípio* nos tempos modernos, vindo assim a atualizar a velha doutrina masdeísta.

Para Swedenborg Bem e Mal são princípios básicos da própria criação divina — o que é contestável —; forças poderosas que agem e reagem sobre si mesmas e sobre os homens, visando ao equilíbrio evolutivo.

Diz mais: que junto de cada ser humano existem duas entidades — um anjo bom e um anjo mau — representantes dos referidos princípios gerais da vida do Universo.

Por essa concepção particularizada, o homem está posto sob a influência direta de duas forças poderosas que o impulsionam nos dois sentidos, segundo as afinidades que oferece às manifestações dessas forças em dado momento. Da preponderância de uma sobre a outra, derivam os atos humanos, isto é, o homem opta pelo Bem ou pelo Mal, segundo as influências que no momento sofra da força preponderante.

Essa concepção, como é bem de ver, destrói em parte a faculdade inata do livre-arbítrio devendo, pois, ser melhor entendida.

O masdeísmo[7], a velha doutrina solar fundada por Zoroastro, na antiga Pérsia, apresenta neste sentido uma concepção poética: quando Azurha Mazda criou o mundo, criou também as formas antagônicas, que deveriam atuar sobre ele, fazendo-o progredir. Essas forças foram corporificadas em dois gênios ou deuses: Ormuzd, o deus do Bem e Arhiman, o deus do Mal.

---

[7] Veja, do mesmo autor, *Religiões e Filosofias*. (Nota da Editora)

Ambos cumprem seu trabalho agindo sobre o mundo e sobre os homens, influenciando-os nos sentidos que lhes são próprios.

Ao fim dos tempos, quando o mundo chegar a seu termo e os homens estiverem purificados, os céus se abrirão para receber os frutos do trabalho universal, e nele entrarão os homens e os deuses-guias, que tão relevante papel desempenharam na redenção do gênero humano.

Essa concepção nos dá uma ideia nítida da relatividade do Bem e do Mal, fazendo-nos compreender em toda a sua extensão, a utilidade de ambos para nossa libertação espiritual.

❖

Mas, com o advento do espiritismo há pouco mais de um século, o assunto foi esclarecido de forma definitiva, ficando-se sabendo que há intercâmbio natural entre encarnados e desencarnados, havendo entre eles Espíritos benfeitores que os orientam e auxiliam na romagem terrena, mostrando-lhes o caminho do Bem, como também outros que influenciam para o Mal, cabendo aos homens optar conscientemente entre uns e outros com a faculdade que possuem do livre-arbítrio.

❖

O Mal é aparente nos graus inferiores e médios da evolução humana e útil ao conhecimento do Bem porque, quando se atinge este, o Mal desaparece, simplesmente, porque não existe por si mesmo, sendo, como é, uma simples ajuda de compreensão, um degrau de escada, um efeito de contraste.

Tanto um como outro mudam constantemente de aspecto à medida que se avança no caminho: o que é Bem para uns é Mal para outros; o Bem de ontem é o Mal de hoje e o Bem de hoje será o Mal de amanhã, porque o homem evolui e pela evolução se modificam os aspectos das coisas; apoia-se em um para compreender o outro, porque ambos são agentes do conhecimento; quando compreende um Mal, pensa que conquistou um Bem, mas logo em seguida verifica que se enganou, que a conquista ainda representa um Mal, uma imperfeição em relação a coisas mais perfeitas que estão situadas mais acima e assim chega, às vezes, a desanimar, imaginando que a subida não tem fim.

Supõe que o termo da luta é a expansão no todo, a união com Deus, mas, quando a esse ponto chegar, verá que não chegam com ele os deuses masdeístas e, então, compreenderá que realmente o Mal não existe, que alimentara uma simples ilusão oriunda de suas próprias imperfeições e limitações.

Mas, no plano relativo em que vivemos, observando a vida em todas as suas manifestações, verificamos que esses dois princípios atuam profundamente, bastando abrir os olhos para ver: as convulsões geológicas do globo, os fenômenos telúricos, meteorológicos, físicos e químicos, constantemente aniquilam milhares de seres, e vozes clamantes se levantam para maldizê-los; mas, no entanto, silenciosa e permanentemente, vão transformando o mundo, selecionando espécies, apurando raças, mudando sempre para melhor o aspecto e a natureza da terra em que vivemos e do homem que a habita.

A terra, a água, o ar, o fogo, todos os elementos naturais são, ao mesmo tempo amigos e inimigos do homem: apoio para seus pés, estrutura para seu corpo, hálito de sua respiração, calor e luz para sua vitalidade mas, ao mesmo tempo, o vento que derrui, a onda que afoga, a terra que absorve e o fogo que consome.

As plantas, ao mesmo tempo alimentam e matam, curam e envenenam; os animais lhes são preciosa ajuda, mas também ferem e devoram; e no seu próprio sangue, seres invisíveis e inumeráveis tramam e lutam pela sua morte.

E a luta dos dois princípios é ainda mais terrível para o homem no campo de sua vida social: cataclismos coletivos, sem um dia de repouso, se desencadeiam, provocados por ele mesmo; sofrimentos, fome, peste, guerra e morte são sombras que nunca se afastam de seus horizontes; são nuvens que passam em contínua sucessão para que os homens as vejam, se aterrorizem e aprendam a suspirar por um céu azul e escampo, cheio de paz e de amor.

Entretanto, os elementos dos quatro reinos e os negrores do céu, que o homem maldiz na sua cegueira, são guerreiros que estão combatendo em seu benefício, guardiões, condutores de seus passos, sentinelas de seus caminhos.

Quando avistá-los, atentos e vigilantes, no fragor da tormenta, deve o homem elevar seu coração a Deus e bendizer a Sua misericórdia infinita, que lhe coloca à frente contrastes marcantes de Bem e de Mal, para que possa conhecer tudo o quanto existe, desvendar seu significado e optar pelo que for melhor, mais útil e mais verdadeiro.

❖

O complemento dessa exposição é o seguinte: o Mal por si mesmo não existe, porque os Espíritos foram criados para a felicidade na sociedade de Deus.

Representa simplesmente ignorância; ausência de sabedoria; imperfeição moral, ausência de virtudes redentoras.

Encarado, entretanto, em seu aspecto objetivo e material, existe e representa a interferência na vida coletiva das paixões inferiores que, normalmente, se desenvolveram no coração dos homens na evolução em curso.

Até que se atinja esse reino de felicidade nos mundos altos, todos nós devemos enfrentar os problemas da ignorância e da imperfeição que são, felizmente, transitórios.

Por isso, é indispensável o conhecimento do Bem e do Mal, para que possamos nos conduzir com mais segurança e sabedoria.

❖

Ao conhecimento do livre-arbítrio estão ligados outros fatores que são: o acaso, o destino, a fatalidade e o fatalismo.

Não são leis ou princípios fundamentais mas, simplesmente, aspectos diferentes da questão e que, por isso, devem ser debatidos.

6

O ACASO

Nos dias que correm, parece incrível haver ainda quem admita acaso. Nem sempre se trata de ignorantes, mas, comumente, de materialistas ou indivíduos que assim se declaram; pessoas que não havendo ainda adquirido conhecimentos sobre as coisas do Espírito, ou carentes do amadurecimento psíquico que despertam tal interesse, se apegam unicamente àquilo que está ao alcance dos sentidos físicos e do controle intelectual.

Não seria mesmo necessário nos determos neste ponto, já que negamos a existência do acaso mas, se o fazemos, é para que nada fique sem o devido reparo neste despretensioso estudo.

❖

Para existir acaso, seria necessário que existisse algo fora do domínio das leis universais da Criação Divina, o que, como sabemos, não sucede.

O acaso, segundo Webster, "é um suposto agente diferente da força, lei, ou propósito; um acontecimento fortuito". Mas, como já dissemos, não se pode conceber um agente à parte, fora da influência das leis do cosmo porque, neste caso, ou ele entraria em conflito com essas leis, dando lugar à anarquia quando, ao contrário, o que prevalece é a harmonia, ou atuaria em concordância com essas leis, caso em que, estando sob seu domínio, deixaria de ser acaso para ser um efeito regulado, que é o que ocorre.

A palavra, em si mesma, vem do latim “ad-cado”, que significa caído, sem ligações com causas anteriores. Ora, em caso algum isto se pode dar, porque uma coisa cai ou é lançada por alguém ou por algo e o ato fica sendo, portanto, consequência de causa anterior. O acaso é simplesmente um nome dado a uma lei desconhecida.

Vê-se, pois, que podemos eliminar definitivamente este elemento do rol daqueles que interessam ao conhecimento do livre-arbítrio.

7

O DESTINO

Já o mesmo não sucede com o destino, que é fator delicado e importante a considerar.

Costuma-se empregar este termo para explicar acontecimentos da vida humana, mas isso é feito quase sempre empiricamente, sem levar-se em conta as inevitáveis correlações científicas e naturais.

Tomando a questão pelo seu aspecto mais elevado, podemos dizer que a Criação, em sentido geral, tem um destino global, predeterminado, como, também, determinada finalidade. O destino global é sagrado, mas, pelo livre-arbítrio, o homem pode alterar o destino imediato.

No grau de seu atual estado evolutivo o homem encarnado não tem autoridade para dizer qual seja esse destino global e essa finalidade, mas, podemos supor que a finalidade da Criação é tornar Deus revelado nas Suas obras, manifestado como vida objetiva. Não estando assim manifestado, é como se não existisse; se não estiver revelado pela criação, não haverá alguém ou algo que constate Sua existência, ou se beneficie dela.

Mas o fato é que está sempre e eternamente presente, tudo sabe, tudo pode e a tudo preside.

O bramanismo se refere a este problema duma forma poética e expressiva, na imagem simbólica de "noite de Brama e dia de Brama", dois aspectos da divindade que se sucedem periódica e ininterruptamente, sendo "noite de Brama" o estado do não ser, isto é, o intervalo entre duas manifestações sucessivas, e "dia de Brama" o período que procede ao fiat-lux, isto é, quando Deus revelou-se e está manifestado na Sua criação.

Esta é, pois, a finalidade da criação: revelar-se Deus, nas Suas obras, aos olhos dos seres vivos. Mas, qual o destino destes?

Esse destino é um movimento duplo e aparentemente contrário, de involução e evolução, para permitir que a manifestação de Deus não seja estática, mas, dinâmica; não inércia, mas, atividade; não morte, mas, vida contínua.

A partir do ato da criação, a obra divina — o pensamento divino revelado — involui do seu estado abstrato, puramente espiritual, para o aparencial, fenomenal, e desse ponto enceta o movimento contrário ascensional, de volta à origem, evoluindo.

O destino geral da criação, portanto, é, ao termo final, voltar às origens, reingressar na matriz divina, apagar-se como fenômeno e reacender-se como pura luz espiritual, em períodos sucessivos de criatividade.

❖

As leis cósmicas da criação são inexoráveis, sendo fatal o seu cumprimento e, por essa razão, o destino das coisas (matéria) seria estático e monótono, maciço e mecânico, mesmo que movimentado pela energia cósmica.

O destino das coisas materiais seria estático, mecânico, porque a matéria não tem inteligência própria, sendo, contudo, alterável sob a influência do fator Espírito que, na evolução, pode modificar o fator matéria e o estado geral das coisas. O homem torna-se assim um elemento de colaboração direta na destinação, na evolução do mundo material.

Uma montanha, por exemplo, seria simplesmente uma montanha e sofreria seu destino de imobilidade durante séculos, até que os elementos naturais a erodissem: mas o homem intervém, arrasa-a e, em seu lugar, estabelece uma planície e sobre esta edifica uma cidade.

Nos seus flancos, por milênios, aguardando o cumprimento do seu destino, dormem filões de ouro e prata; mas o homem intervém, retira-o de lá e os converte em moedas e ornamentos, jóias e ferramentas, úteis a toda a humanidade.

E uma árvore morreria de velhice no seu destino natural de árvore, se os homens a não abatessem e transformassem em paredes de seus abrigos, costados de seus navios, móveis de suas habitações.

Assim, pois, o destino dos seres, que é movimento, renovação inteligente, altera o das coisas, que é estabilidade estática, imobilidade.

Os seres humanos escapam do automatismo do destino das coisas, porque não são massas aparenciais inertes, como os minerais, nem conjuntos de espécies imóveis como os vegetais, nem agrupamentos de seres de instinto como os animais, mas, organismos individuais possuidores de capacidade ambulatória, consciência e vontade, intermediários entre a Divindade e as formas inferiores da criação e auxiliares na execução das leis universais que regulam a vida do cosmo.

Este é o aspecto geral da criação dentro da qual, como já vimos, o destino dos seres é aperfeiçoarem-se e colaborarem no aperfeiçoamento do mundo para que tudo, afinal, evolua e possa voltar para Deus.

E, sobre todos os seres, o homem está colocado em posição dominante, de grande superioridade, por possuir livre-arbítrio, arma poderosa e versátil, com a qual atua conscientemente nos ambientes em que se encontra, gerando causas e criando efeitos decorrentes, que formam o movimento de reciprocidade conhecido como Carma[8].

Criador, portanto, que ele é do Carma, é pela mesma razão, seu senhor mas, por ter desmerecido de sua própria força, fez com que essa lei de justiça, que se volta inexoravelmente contra ele mesmo, fosse confundida como fatalidade cega.

[8] Veja, do mesmo autor, *Na Semeadura I*, págs 78 e 91. (Nota da Editora)

8

A FATALIDADE

Os homens que creem na fatalidade, cegamente, admitindo que ela existe por si mesma, desconhecem as leis da vida espiritual, negam o valor humano como elemento primacial e decisivo da evolução, rebaixam o homem à condição de escravo de circunstâncias incontroláveis, de vítimas de forças sobrenaturais; não admitem a existência de leis imanentes e eternas reguladoras do cosmo, e fazem de Deus uma entidade subalterna que intervém diretamente nos detalhes da vida humana.

Mas, a verdade é que fatalidade não é uma lei, mas uma decorrência de atos anteriores, um aspecto somente do cumprimento da lei de justiça ou de reciprocidade já estudadas. Praticado o ato, este gera um efeito e, quando o efeito surge, com seu caráter imperativo e irrevogável, diz-se então que isso é a Fatalidade.

É certo que, bem pensadas as coisas, existe mesmo fatalidade nessas ocorrências, mas somente no sentido de que o efeito não deixa de ocorrer à hora certa, irrevogavelmente; mas não no sentido de que houvesse agido no caso uma lei especial provocando os acontecimentos, em caráter independente e à parte.

Tudo, por outro lado, em nossa vida, está ligado entre si, inteligentemente entrosado, formando uma cadeia contínua e em certos casos se poderia, com auxílio, por exemplo, de uma vidência ampla e perfeita que abrangesse o passado, o presente e o futuro, verificar esse encadeamento de eventos, suas causas e efeitos, suas determinantes e resultantes.

Os que admitem a fatalidade como uma força cega ou como uma lei inexorável estão, indubitavelmente em erro, mas, de alguma forma, podem ser justificados quando se compreende que só consideram os efeitos, constatam sua inflexibilidade, mas não levam em conta suas causas e ligações com fatos anteriores.

O que os torna mais fanáticos nessa concepção errônea é ignorarem a razão por que os fatos ocorrem, ou que forças ou agentes atuam para que eles se realizem.

As próprias religiões orientais, que revelaram a lei do Carma, conhecida também por Lei de Causas e Efeitos; as doutrinas e filosofias derivadas que lhes seguem os ensinamentos; e os demais credos conhecidos, todos silenciam e nenhum deles explica quais agentes atuam para que os acontecimentos cármicos ocorram.

Até que, com o advento do espiritismo, o assunto foi esclarecido, sabendo-se que os Espíritos de alguns graus da hierarquia são os que intervêm como executores da vontade ou das leis divinas; como, também, os próprios seres humanos, encarnados ou desencarnados: nos atos de nossa vida comum interferimos direta ou indiretamente para que a lei soberana e eterna da justiça se cumpra e o homem trabalhe para o homem, para que o espírito de solidariedade universal domine por fim em todas as manifestações da vida cósmica.

Os Espíritos desencarnados, cumprindo instruções superiores ou agindo por si mesmos, quando possuem a necessária autoridade espiritual, agem em todos os sentidos como colaboradores ou como executores inteligentes e ativos.

De posse dos elementos relacionados com as causas, fazem com que os efeitos atinjam aqueles que os provocaram; quer no campo material como no moral, direta ou indiretamente, dispõem as circunstâncias de maneira que sejam obtidos os resultados visados.

Seu trabalho é muitas vezes delicado e complexo e sujeito a fracassos momentâneos (porque o livre-arbítrio pessoal é sempre respeitado), mas perseveram, corrigem os defeitos, reúnem novo cabedal, aguardam nova oportunidade, e por fim, conseguem atingir o fim colimado.

Para o observador leigo ou superficial, tudo provavelmente não passará de simples coincidência, de acasos, de fatalidade, mas, para aquele que sabe ver, ali estão patentes as mãos invisíveis dos guias e protetores, amigos dedicados e benévolos, que riem ou choram conosco, quando enfrentamos as crises penosas, ou os momentos felizes, que representam prêmios ou recompensas por atos praticados, registrados e jamais esquecidos.

Nossa vida cotidiana está cheia de fatos que comprovam essas afirmações mas, como ilustração, citamos apenas um, no qual a preparação e a previdência foram bem trabalhados.

O pequeno Artur, de 3 anos de idade, a partir de determinado dia, começou a ser atraído pelo fogo. Ora chegava sorrateiramente ao fogão, mexia nos tições, puxava as panelas, derramando a água sobre a chapa quente.

As caixas de fósforos na casa andavam sempre escondidas e a lâmpada de querosone já não ficava mais acesa sobre a mesa, por causa do menino. A mãe não tinha mais um minuto de sossego e não o perdia de vista o dia todo, mas, mesmo assim, as queimaduras já eram numerosas na pele tenra do corpinho mirrado do menino.

Duma feita, em uma festa de São João, tão comum na roça onde moravam, o menino, brincando com outro, foi atirado, não se sabe como, sobre o braseiro da fogueira e teria perecido se não tivesse sido socorrido por um conhecido da família.

Quando o menino cresceu um pouco mais, em outra festa de São João, os pais não o deixavam arredar-se de junto deles, mas no dia seguinte, enquanto sua mãe lavava roupa no córrego do fundo do quintal, o menino se aproximou dos restos que ainda ardiam da fogueira da véspera e, mexendo nas brasas, sua camisola se incendiou. Com seus gritos a mãe acorreu, mas não pode arrancar a roupa porque ele havia passado um fio de arame enferrujado na cinta, com um pedaço de sarrafo fingindo de espada de soldado.

A tragédia foi preparada com meticulosidade e assim cumpriu-se para ele o resgate de que necessitava para libertar-se de dívidas anteriores.

É interessante reparar como as coisas se sucedem, como se ajeitam, agrupando-se ou dividindo-se, surgindo ou desaparecendo no momento certo; como se vão colocando, às vezes, umas coisas ao lado de outras, formando cadeias sem a falta de um só elo, ou fragmentando-se, sem deixar um só elo intacto, tudo para que os efeitos se cumpram.

Às vezes, num desastre, sucumbem todos, menos um, ou salvam-se todos, menos um. Mas, sempre o que se dá é o mesmo fenômeno: os executores conseguiram, ao custo de, sabe Deus quantos esforços e malogros prévios, reunir finalmente todos os elementos necessários à execução plena da tarefa em vista.

Outro aspecto do problema geral que devemos considerar é este: quando fatos desagradáveis se abatem sobre nós, costumamos nos lamentar e maldizer a sorte; nunca nos lembramos de que estamos sendo cobrados de uma dívida, passando por um ligeiro resgate, mantendo, aliás, nossa pauta de equilíbrio evolutivo; e somente mais tarde, passado o tempo, é que compreendemos que foi melhor assim, mesmo contra nossa expectativa ou desejo, pois que, operado o resgate, paga a dívida, ficamos desobrigados e nossa vida, mormente na parte moral, que é a mais importante, passa a fluir melhor.

Fatos que à primeira vista nos parecem desastrosos, resultam, por fim, benéficos e produtivos, porque o resgate é sempre uma condição, um prenúncio de progresso imediato.

O que é preciso é compreender, penetrar no âmago dos acontecimentos e recebermos todos eles, bons ou maus (aparentemente), com ânimo severo, resignada e conformadamente, pois que, como já vimos, somos nós mesmos os mais diretamente beneficiados por eles.

❖

Pode-se, em termos, admitir a fatalidade, no sentido de que nossos atos geram consequências e que estas fatalmente se apresentarão ante nós, no devido tempo.

Pelo livre-arbítrio, poderemos interferir nessas consequências direta ou indiretamente, modificando-as, por exemplo, aumentando ou diminuindo seu vulto: se contrariamos ou adiamos sua realização, aumentamos seu vulto, que fica assim acumulado, mas se as enfrentamos e vencemos, resgatamo-nos daquela responsabilidade.

Por outro lado, há muita coisa que não representa fatalidade; são atos da vida comum, criados no momento, não ligados a coisas anteriores. Quem, por exemplo, não sabe nadar e atira-se em um rio, provavelmente morrerá afogado. Não era coisa anterior, mas no momento mesmo em que se efetivou, gerou consequência lógica, que se traduz como afogamento.

Os atos bons e justos que geram consequências boas, representam fatores concordes com a harmonia e o equilíbrio, trazendo repercussões favoráveis que ajudam e engrossam o fluxo da vida; pela mesma razão, quando são maus, discordantes, negativos, colidem com a lei, e resultarão desfavoráveis retardadores da vida, da evolução individual.

Essas consequências são quase sempre imediatas ou remotas; imediatas as de natureza material e remotas as espirituais.

O guloso, por exemplo, está sujeito a adoecer logo após o ato de intemperança, ao passo que quem possui imperfeições morais, vícios ou paixões dessa natureza, somente a longo prazo ou no curso de vidas sucessivas sentirá os efeitos correspondentes.

9

O FATALISMO

Se a fatalidade, como vimos, é o aspecto que toma o destino ao cumprir-se a lei da Justiça, o fatalismo, em si mesmo, é mera superstição.

Ele mata todo o estímulo, todo esforço, toda iniciativa. Deixa o homem amorfo, passivo, inerte, indolente, embrutecido.

O fatalista é um ser negativo que nada constrói, nem mesmo sua vida, ensimesmado como vive em um comodismo absorvente, incapaz de lutar por si mesmo e pelos outros, por um desejo, ou um ideal; é um guerreiro que foge ao combate.

Na luta pela evolução consciente, o fatalista é um fracassado temporário, pois dá maior poder às circunstâncias e despreza seu próprio poder, suas possibilidades, sua força potencial.

Os sofrimentos, os fracassos, as dificuldades, são para ele fatores definitivos, inelutáveis, tanto no que se refere ao passado, como ao presente e ao futuro.

É a antítese do homem espiritual, porque este se vale das circunstâncias como trunfos, como elementos de ação e de sua vontade, como força propulsora que imprimirá à sua vida a direção e o aspecto desejados.

Para este, os acidentes e acontecimentos bons ou maus, são meros ensinamentos, estímulos, degraus para o êxito, caminho para a sabedoria.

❖

No terreno filosófico, os fatalistas se defendem e argumentam da seguinte maneira, supondo-se irrespondíveis: "se todos chegamos a Deus, mais hoje mais amanhã, inútil é o esforço, porque todos chegaremos. Por outro lado, se Deus é onisciente, sabe que devemos errar hoje e acertar amanhã; logo é inútil o esforço, e o livre-arbítrio é muito relativo, porque não pode ultrapassar os limites deste determinismo. E ainda mais: se o tempo é uma ficção, se em nossos ambientes materiais nós mesmos é que o regulamos e inexiste nos mundos espirituais, tanto faz chegar ao fim da jornada hoje, como daqui a mil anos, já que todos chegamos, quando tivermos de chegar; não vivemos na eternidade?"

Este raciocínio, conquanto inteligente, não pode ser aceito pelo homem espiritual, primeiro porque envenena a vida, dissolve as energias morais, mata os estímulos, as iniciativas, e dá campo livre aos maus instintos ainda latentes no fundo do ser humano; depois, porque esse tempo de chegada a Deus, ou à purificação final, não oferece base alguma de percepção e conhecimento. De fato: não existindo o tempo e sendo a vida infinita, por ser infinita a criação divina, quando chegaria o homem a esse termo? Esta é uma perspectiva tão remota e imprecisa, que nenhum cálculo pode ser feito na tentativa de limitá-la para compreendê-la, ao passo que, usando do livre-arbítrio, no sentido do auto-aperfeiçoamento imediato, colheremos pari-passu resultados imediatos; se o fim da evolução é a conquista de uma vida espiritual feliz, trabalhando nesse sentido, é claro que apressamos sua conquista, aproximando-nos mais rapidamente desse termo para nós ainda longínquo, mas onde muitos já chegaram antes, esteja ele onde estiver; e pelo menos sabemos onde estamos agora, o que queremos, como devemos agir e quais os resultados do nosso esforço e sacrifício.

Quanto ao segundo argumento, Deus realmente sabe que erramos hoje para acertar amanhã, porque esta é a essência mesma e a natureza mesma da evolução, mas, não havendo esforço, quanto tempo permaneceremos no Mal, na ronda das reencarnações, das provações e das expiações infindáveis? Ao passo que com esforço deliberado no sentido de vencer a nossa luta, atingiremos logo um estado espiritual mais elevado, de mais pureza, segurança e esperança, que nos proporcionará, também desde logo, uma vida espiritual mais perfeita e mais feliz.

Quem optará pelo pior, quando possa, mediante esforço próprio, obter desde logo o melhor? E que representa o esforço rápido e passageiro de um dia, face à conquista de uma felicidade espiritual permanente?

Quem não se resolverá a esse esforço na perspectiva dessa felicidade, comparando-a com as sombras e as torturas nas quais vive hoje? E quando verificar que nunca sairá deste estado miserável enquanto não se dispuser a realizar esse esforço?

Mas, os fatalistas e materialistas apresentam outro argumento, que é o seguinte: "se há uma vontade humana que decide e realiza, é claro que ela está condicionada à capacidade própria no momento dado, isto é, o homem só pode compreender e decidir, segundo sua capacidade própria, em um dado momento. Em outras palavras: o homem, usando de seu livre-arbítrio, decide num dado sentido, numa dada direção, mas a decisão tomada foi a única que ele poderia tomar, porque era a resultante somática de sua atual capacidade de compreensão e julgamento, mesmo que se valesse de opiniões de outrem. Não poderia, portanto, decidir a não ser num sentido determinado. Se se valesse de terceiros, a decisão seria forçada e obrigatória e, se é assim, como pode ser livre? Neste caso, se não há liberdade, onde está o livre-arbítrio?"

Essa argumentação é verdadeiramente capciosa, sofística, porque, quem não sabe, aprende, desde que o deseje, e se errou ontem não errará mais, hoje. Mas, o fatalista, como se vê, quer transferir à Divindade criadora toda a autoria e responsabilidade dos acontecimentos. Acomoda-se à sua situação de imobilidade e não quer sair dela.

Mas, sempre há liberdade para quem quer ser livre. Há sempre liberdade e livre-arbítrio e não há argumentação que negue essa realidade. Só não haveria tais realidades, se não houvesse consciência própria e mente livre, discernindo e determinando as decisões.

E o sofisma é ainda mais evidente, quando o próprio fatalista, que nega o livre-arbítrio, ele mesmo o utiliza porque age como quer, utilizando a vontade. Considere-se também que a Criação Divina é movimento, atividade e não inércia, e a vida é mudança constante, e não imobilismo.

10

A RESPONSABILIDADE

Para com Deus, nossa responsabilidade é imensa; fomos criados para a perfectibilidade e devemos nos esforçar, contínua e sinceramente, para atingir esse elevado estado, no tempo.

Para com a humanidade, ela decorre de sermos uma de suas inumeráveis células, o que nos obriga a sermos com ela visceralmente solidários, devendo-nos tornar úteis em todos os sentidos. E para conosco, como filhos de Deus, criados para voltar a Ele ao termo da evolução, devemos arrancar de nosso coração as raízes dos sentimentos inferiores ou negativos, que formaram o arcabouço do nosso psiquismo na vida animal, onde o poderio das paixões, isto é, dos impulsos inferiores é dominante, e batalharmos esforçadamente para a nossa reforma espiritual.

Quando o indivíduo já recebeu a *chamada* e iniciou sua marcha pelo caminho do conhecimento positivo, então é que o livre-arbítrio assume proporções impressionantes, ganhando aspectos decisivos.

Já não poderá mais transigir, contemporizar com as coisas nem, tampouco, embalar-se a si mesmo com autoilusões: tem de assumir atitudes definidas, responsabilidade plena de seus sentimentos, pensamentos e atos; tem de optar com segurança entre o aparente e o real, entre o Bem e o Mal, o material e o espiritual. Organizado um padrão novo de vida e um programa justo e sensato, tem de pactuar por ele todos os seus novos movimentos presentes, visando o futuro.

Ao obter o conhecimento das verdades espirituais, que lhe foi dado proporcionalmente ao seu mérito e capacidade realizadora, cingiu às costas um fardo penoso de compromissos que deve irrecorrivelmente cumprir.

O animal que devora o animal para manter a vida, segue as leis do instinto que o domina e não comete erro. Nem tampouco o ignorante, para o qual a luz ainda não se fez; e nem mesmo o criminoso nascido e criado no ambiente do crime, sem contato com outros agrupamentos humanos, e em cujo coração ainda não fulguraram os sentimentos de humanidade; seu erro, se existe, é relativo ao seu estado de evolução ainda rudimentar.

Mas ao que sabe, ao que viu, ao que sente, ao que recebeu, a esse a responsabilidade é plena e, se pratica o Mal conscientemente, é dupla a transgressão. Está em suas mãos fugir ao erro ou adotá-lo e, de qualquer forma, colherá os frutos do que semeou.

O modo de compreender e de sentir o Bem e o Mal, e de agir num ou noutro sentido, depende, portanto, do ponto que o indivíduo haja atingido na escala evolutiva.

Uns entendem de uma forma, outros de outra; o que para uns é mau, para outros é bom; o que um não tolera, outro o suporta perfeitamente bem; e segundo o que pensam e sentem, assim todos agem e decidem.

Disso decorre que a decisão que é boa para uns, é má para outros, em igualdade de condições.

Não há um padrão uniforme de ação e não se deve, por isso, julgar os atos humanos com radicalismo, porque, sabendo-se como se sabe, que a Verdade é uma só, mas tem muitos aspectos e não se conhece todos, e os que conhecemos, fazêmo-lo segundo nosso próprio conceito, conclui-se que nosso julgamento em todos os casos, como tudo o mais, é relativo, precário e sujeito a enganos.

Talvez tenha sido por isso mesmo que Jesus aconselhou: "Não julgueis para não serdes julgados".

❖

A compreensão do livre-arbítrio não deve dar ao homem uma consciência de poder, mas de segurança; um sentimento não de glória, mas de esperança; nem tampouco de egolatria ou de orgulho, mas de responsabilidade e de prudência.

A humanidade, devendo ser toda solidária entre seus membros; e sendo estes células vivas e inteligentes de um mesmo organismo, é preciso considerar que nossos atos repercutem no organismo geral, influem sobre a vida de nossos semelhantes para o Bem ou para o Mal, isto indicando, portanto, a todos, a necessidade de seguirem normas de conduta determinada, orientada sempre no sentido do bem coletivo. Esta, pelo menos, é a lógica e o ideal que, infelizmente para nós, neste orbe, não coincide com a realidade.

Essa consciência de responsabilidade existiu sempre na mente dos Guias da raça e foi consignada em conselhos sábios, dos quais o mais perfeito e completo, é este, ainda de Jesus: "Não façais ao próximo aquilo que não desejardes para vós mesmos".

Daí decorre que, no programa de nossa vida, convenientemente regulada pelo livre-arbítrio consciente e inteligente, devemos vigiar nossos pensamentos e atos, nossos sentimentos e impulsos, e optar sempre por aquilo que, sendo útil ao nosso progresso espiritual, não representa, todavia, mal algum para outrem.

❖

Quando encarnamos na Terra ou baixamos em qualquer outro mundo de expiação, de prova ou de aprendizado, trazemos sempre um programa definido, muitas vezes por nós próprios elaborado, por cuja realização somos pessoalmente responsáveis.

É de todo necessário e mesmo indispensável descobrir quais os pontos essenciais deste programa, para podermos realizá-lo o mais fielmente possível, sem desvios de energias em outras direções, tendo esse compromisso sempre presente para que não haja fracasso, perda de tempo e necessidade de recomeçar em outra oportunidade, se for possível.

Por outro lado, os Guias nos dão às vezes missões a cumprir, traçam programas, ou dão-nos diretrizes de caráter geral e, em seguida, nos põem a campo para a devida execução.

Nosso esforço, como é natural, sofre alternativas, altos e baixos, ascensões e quedas, triunfos e derrotas, mas, nos momentos mais difíceis, recorremos a eles pedindo ajuda. Se é verdade que eles nunca nos deixam desamparados, também o é que nunca executam nossa tarefa, ou resolvem eles mesmos as dificuldades que surgem, limitando-se a aconselhar, estimular, recomendando fé e confiança. É que devemos agir por livre-arbítrio para que haja mérito ou demérito e, sempre, experiências resultantes.

Eles explicam: mostramos o caminho, mas não podemos fazer a jornada em vosso lugar; acompanhamo-vos na subida do vosso calvário, mas não podemos carregar a vossa cruz, porque ela pertence a vós e não a nós. Se fracassardes, todavia, choraremos convosco e, no êxito, vosso triunfo será também nosso, como também a vossa alegria será a mesma nossa.

Conquanto muitas vezes sofram por não poderem ajudar mais do que fazem é porque isso lhes é defeso; o livre-arbítrio deve ser respeitado integralmente; eles têm também suas missões, suas responsabilidades, seu programa de vida e não podem se afastar desses parâmetros.

❖

Nossa responsabilidade não existe somente pelo Mal que porventura pratiquemos, mas também pelo Bem que deixarmos de fazer e, ainda mais, pelas consequências que de nossos atos advierem.

O sentimento do Bem não deve ser combatido e aniquilado e todo sentimento bom deve ser expandido e convertido em atos, cujas consequências se espalharão no nosso rumo, e pelas quais seremos permanentemente responsáveis no presente e no futuro.

11

SOMOS CONSTRUTORES

A lei do destino é mecânica e automática, domina em todos os reinos da Natureza e somente no reino hominal pode sofrer alterações.

O mineral se cristaliza, o vegetal reproduz-se e o animal se movimenta para viver, mas todos padronizadamente, no sentido de que a vida e suas circunstâncias para eles se perpetua sem que possam intervir para modificá-la.

A árvore de hoje é a árvore de ontem e será a árvore de amanhã, reproduzindo-se monotonamente da mesma maneira e nas mesmas condições. O pólen fecundante transita de uma para outra, levado pelo vento, pelas aves, ou pelos insetos e ela invariavelmente floresce e frutifica, como floresceram e frutificaram todos os seus antepassados. E o fruto cai e reproduz a árvore, e o vento torna a soprar e a árvore a florir e frutificar da mesma maneira, invariavelmente.

Mas o Espírito humano pode intervir e, somente ele, para modificar o sistema, melhorar o tipo, selecionar espécimes e alterar a seu talante o destino da árvore, do mineral e dos animais. A fera bravia pode se transformar em pacífica e doméstica e o mineral, retirado da montanha, se transforma em joias que embelezam a vida ou em ferramentas que alimentam o trabalho e produzem bens de vida.

O homem tem a faculdade de progredir e fazer progredir a matéria, utilizando-a e enobrecendo-a. Arranca-a de sua condição estática de imobilidade e a faz comparticipar do dinamismo da vida universal.

Altera o destino, mudando o aspecto da Natureza para que ela também se aperfeiçoe e o planeta se transforme, se embeleze e se engalane, para receber em seu seio, humanidades mais evoluídas.

❖

Quanto mais próximo do estado primitivo, mais animalizado é o homem. O homem da caverna, usando de seu livre-arbítrio e resgatando seus erros, foi-se distanciando dos brutos e ascendendo a estados mais evoluídos, conquistando foros de civilizado lentamente, ao longo das idades.

O homem da Idade Média, que já havia acumulado conhecimentos, evoluiu para a renascença e passou para os dias modernos, quando se travam árduos combates individuais para a conquista do mundo moral.

Primitivamente, do instinto, evoluiu para a razão e agora vai iniciar a conquista da intuição, que lhe dará intercâmbio mais estreito e mais íntimo com os mundos espirituais superiores. Isso tudo conquistou pelo uso do livre-arbítrio, pelo conhecimento do Bem e do Mal e pelo poder de optar entre uma coisa e outra; e com essas mesmas forças vai avançar ainda até muito mais além.

❖

Quando compreendemos bem e alcançamos, em seus verdadeiros limites, o poder do livre-arbítrio, que nos permite construir nossa vida futura, o sentimento que daí nos vem é o de um enorme prazer de viver e de extasiamento ante as belezas que a vida cósmica encerra e que são a nossa herança divina.

Devemos ser como o trabalhador consciente de sua força e de suas possibilidades, que joga desembaraçadamente com suas ferramentas. Seja uma choupana modesta, seja um palácio, estamos certos que os construímos por nós mesmos, como uma obra de amor e de redenção. E sabemos que muitos estão cooperando também nessa construção maravilhosa que resultará, por fim, em uma obra coletiva, o trabalho de uns resultando no bem de muitos, o conhecimento de uma geração resultando dos esforços e dos sofrimentos de todas as gerações que viveram antes.

❖

Foi usando de seu livre-arbítrio, isto é, tomando atitude em determinado sentido, permanecendo firmes e inabaláveis em suas convicções, decidindo em determinada direção, que os homens corajosos, operosos, impulsionaram o progresso do mundo, edificaram a civilização, resistiram às forças destruidoras, desafiaram a morte e os tormentos; e foi usando do mesmo poder que outros deflagraram guerras e revoluções, destruíram cidades e nações, convulsionaram o mundo com movimentos sociais enganosos, chacinaram, escravizaram, abafaram o surto dos ideais redentores, obscureceram os horizontes da vida humana, e foram malditos pela humanidade.

E uns e outros, todos fizeram o que quiseram e puderam, cumpriram seus destinos naquelas tarefas, foram instrumentos úteis mesmo quando inconscientes das potências diretoras do Cosmo para que o homem aprendesse a sua lição, compreendesse a verdade e desse um passo a mais no caminho da vida espiritual.

Não há réprobos, há lutadores, bons e maus. Os que desencadeiam os elementos do mal possuem um carma negro, mas unicamente eles poderiam arcar com as responsabilidades tremendas das tarefas que executaram, para que pudessem tomar conhecimento das forças boas, provocando, além disso, reações profundas e dolorosas como açoites que obrigassem a humanidade a abandonar a sua inércia e progredisse.

Os condutores de povos, os guias da humanidade, considerados assim como instrumentos, agem às vezes impulsionados por forças exteriores poderosas e outras vezes deliberadamente para satisfação de ambições pessoais e instintos inferiores; mas, de qualquer forma, agem por livre-arbítrio, porque há sempre momentos abertos em que terão oportunidade de compreender e, em consequência, recuar ou prosseguir.

Muitas vezes, também sucede que a partir de certo ponto perdem o controle dos próprios atos, tal o vulto das consequências que estão desencadeando e passam daí por diante a agir como autômatos, vítimas impotentes das próprias forças que movimentaram.

E quando essas consequências ultrapassam os limites necessários ao desenvolvimento da experiência, o Alto intervém para refazer o equilíbrio perdido e recolocar as coisas em seus devidos lugares.

Em todos os casos, aos agentes humanos responsáveis, cabem sempre as consequências dos seus atos e colherão segundo semearam, porque essa é a lei que regula tais problemas.

12

OS RESGATES

A fatalidade, sempre encarada na forma pela qual apresentamos, tem dois aspectos: o geral, isto é, o do grande destino, ligado à vida coletiva da raça do povo ou da nação; e o parcial, que resulta do programa encarnativo do indivíduo, pessoalmente.

As vidas materiais são curtas e uma só nem sempre basta para o pagamento das dívidas programadas e em curso com as aprendizagens correspondentes.

Para determinada encarnação, o Espírito que isso merece escolhe os problemas que no momento julga mais necessários ou para os quais se encontre com mais coragem para enfrentar.

No correr da vida encarnada as provas vão se apresentando segundo foram dispostas no programa e cabe ao interessado enfrentá-las e vencê-las para libertar-se: se não conseguir, mas, pelo menos lutar, terá pelo menos o mérito de haver se esforçado, mas, se fugir delas, por covardia ou comodismo, elas ficarão acrescidas daí por diante, e seu trabalho para vencê-las futuramente será muito maior e mais doloroso. De qualquer forma, terá fracassado e deverá recomeçar em outra oportunidade.

Muitos se amedrontam pelas limitações a sofrer e pelos sofrimentos que são companheiros inseparáveis do homem encarnado em mundos baixos, mas, sem isso, ficarão estacionários na evolução.

Além do mais, no próprio Plano Espiritual existem repartições muito bem organizadas para facilitar essa providência e ajudar no que for possível o Espírito que vai reencarnar.

Quando reencarnamos e passamos a sofrer o assédio constante de nossas próprias paixões inferiores, alimentadas pela presença das forças negativas ligadas ao nosso programa encarnativo, entramos a cometer faltas mais ou menos graves. Algumas nos passam despercebidas, pois foram praticadas sem o pensamento ou o desejo de fazer o Mal, mas a maioria é logo posta à nossa frente, seja pela voz indomável da própria consciência, seja pelos efeitos e consequências imediatas, que as próprias faltas desencadeiam.

Essa é a hora em que o livre-arbítrio, se faz sentir em toda a sua imperatividade, colocando-nos entre a "espada e a parede", exigindo decisões que muitas vezes não podem ser elididas.

Mas, quando não há esse espírito de decisão que vai à frente do inimigo e o desafia e derrota, a luta se torna insidiosa, lenta, exaustiva, e pode durar longo tempo.

E, enquanto o tempo passa, a dívida vai diminuindo se houver êxito ou aumentando em caso contrário.

O Mal, somente exige punição enquanto existe. Este conceito nos oferece a chave do sistema de resgates, que sempre permanece em nossas mãos devido à existência do livre-arbítrio.

O Mal segundo o vemos, parece ser sempre o resultado de uma ação individual, mas há os males de grupos. Nos movimentos coletivos, em que agem multidões, por exemplo, o Mal pode resultar da ação de muitos e a responsabilidade sofre alterações e diluições.

O indivíduo, nos mundos baixos, é o peregrino do Mal, porque nele é que existem, em caráter potencial, ou em ação, as diferentes inferioridades espirituais.

Seria um círculo vicioso, portanto, resgatar faltas e tornar a cometê-las; o melhor será destruir na sua fonte as origens do Mal. Eliminar as paixões inferiores, os desejos e os pensamentos impuros, e arrancar essas feras de nosso coração, conquistando uma vida melhor e mais perfeita.

Mas não basta arrancar as raízes do Mal, sendo necessário plantar em seu lugar as sementes das virtudes porque, então, e só então, serão colhidas as nossas conquistas, pois não vibraremos mais nas ondas baixas e grosseiras, colocando-nos fora e acima das tendências viciosas que herdamos da vida animal.

Outro ponto a considerar é que, cometido o erro, não basta, para o necessário resgate, o arrependimento, e subsequente expiação, sendo ainda necessária a competente reparação. O arrependimento e a expiação são o produto que o indivíduo paga a si mesmo, libertando-se, ao passo que a reparação é o tributo que deve pagar àqueles que sofreram as consequências más de seus erros.

Essa reparação, já que devemos fazê-la, que não a façamos impelidos por forças coercitivas, mas sim, espontânea e conscientemente, porque assim haverá mais mérito pessoal.

❖

Quando nos surge pela frente qualquer situação exigindo reparos, isso deve ser realizado com sabedoria pois que, ou é resultado de erros passados, ou fonte atual de consequências futuras.

No primeiro caso, é preciso agir com discernimento, para que a ação que vamos desenvolver represente um resgate consciente, e somente assim, queimado o resíduo cármico, ficará a causa anterior cancelada; caso contrário, ali mesmo criaremos fonte de novos compromissos, maiores ainda que os anteriores porque, como já dissemos, os efeitos se somam quando já possuímos conhecimentos que bastem para agir corretamente.

❖

Outro detalhe: balanceada nossa vida moral e examinados nossos atuais defeitos e impulsos, teremos uma visão aproximada daquilo que ainda precisamos conquistar para sermos melhores e, à medida que vamos dominando essas falhas, substituindo-as pelas virtudes opostas, vamos nos sobrepondo ao Mal e criando um futuro mais limpo e mais promissor.

Pagando as dívidas atuais e eliminando-as, e não se criando dívidas novas, em pouco tempo estaremos emancipados do erro e dessa penosa trama de reencarnações punitivas em mundos inferiores.

Como se vê, não será tão difícil obter o aprimoramento espiritual de que carecemos e plantarmos os marcos definitivos de uma vida mais feliz, amanhã. Nisso, aliás, é no que reside a necessidade da evolução.

13

EXECUTEMOS O PROGRAMA

Pelos exames feitos e as providências tomadas, já relacionados anteriormente, pelos sofrimentos já passados e pelas aspirações que guardamos fundo em nossas almas, podemos compreender o que nos falta para melhorar nossa condição espiritual, agindo no sentido de nossa mais rápida libertação e realizando nosso esforço pela linha de menor resistência e tudo, por isso, se tornando agora mais fácil e mais rápido.

É preciso compreender que os acontecimentos de nossa vida têm especial significação: os que ocorrem para execução de programas preestabelecidos para esta encarnação, e os que surgem por efeito de atos que aqui mesmo praticamos e cujas consequências já se estão fazendo sentir.

Por isso, devemos examinar bem o que acontece, penetrar nelas, classificá-las e enfrentá-las depois, corajosamente, para solucioná-las. Se não agirmos assim, os acontecimentos e os problemas vão ocorrendo e passando, influindo sobre nós de muitas formas e continuando a existir, para voltarem novamente em dias futuros, criando-nos, talvez, dificuldades mais sérias.

Não pode haver, portanto, de nossa parte, acomodação, displicência. Tudo devendo ser compreendido, controlado e enfrentado, para receber soluções adequadas e prontas.

Este é o meio mais prático de resgatar o passado e construir o futuro em boas condições, nada de ruindades, deixando para trás, para que não cresçam em nossa retaguarda, como inimigos ocultos, que amanhã nos esmagarão com seu peso.

No esforço de desvendar o passado para agir melhor no presente, se formos moços, isso se tornará mais difícil, por falta de subsídio de apoio ou observação, e pontos de referência, mas, mesmo assim, poderemos chegar a algum resultado considerando:

1) o ambiente e as condições em que se deu o nascimento;

2) nosso caráter geral, as tendências que em nós predominam, as coisas que mais nos atraem;

3) cotejando essas observações com aquilo que é considerado como o Bem.

Por exemplo: se nascemos em ambiente de pobreza e nossas tendências são para orgulho ou vaidade, compreendemos que combater esses males é condição que faz parte de nosso programa encarnativo e que as condições do nascimento são francamente favoráveis, por não serem alimentadoras dos defeitos que teremos de enfrentar e combater; ao mesmo tempo, compreenderemos que teremos de enfrentar a vida em condições amargas, com lutas acerbas contra nosso íntimo, caso não nos dispusermos a auxiliar o carma, modificando o caráter.

Se possuímos um temperamento sensual e, por efeito de qualquer moléstia ou acidente, tenha havido danificação dos órgãos do sexo, ou ainda, abusos dessa espécie, podemos compreender que o combate a essas tendências são pontos também constantes do programa.

Se nascemos com temperamento dinâmico e fortes anseios para a posse de bens materiais, riquezas e posições, mas formos fracos ou enfermiços no organismo físico, compreenderemos que devemos nos voltar para as coisas do Espírito, para a conquista daquilo que não pode ser dado pela matéria. E assim por diante.

Se, todavia, o tempo passou, e já fizemos considerável trecho da jornada, o trabalho então será mais fácil, porque bastará olhar para trás e verificar o que já sucedeu, os caminhos que trilhamos, os erros que cometemos, os revides que sofremos, as vitórias ou derrotas, e a verdade brilhará então claramente aos nossos olhos.

Restará somente aproveitar os dias que restam para cortar arestas, corrigir senões, encaminhar mais inteligentemente as coisas, e aguardar com serenidade o fim da jornada.

14

A REFORMA INTERIOR

O uso mais proveitoso e justo que o homem encarnado pode nesta vida fazer do seu livre-arbítrio, é decidir e realizar a sua reforma interior.

Durante as sucessivas encarnações o Espírito vai se purgando, purificando lentamente e, quanto mais imperfeito for, mais sofrerá e mais vezes voltará ao mundo material. Há mesmo casos em que o Espírito somente se sente bem quando encarnado, porque pouco suporta as condições de vida do plano etéreo, para o qual não está ainda devidamente preparado. Mas, à medida que se reforma e adquire maior purificação moral, ao contrário, já pouco suportará a vida material, sentindo-se nela desambientado, inquieto, e seus pensamentos e desejos se voltam para o mundo espiritual, no qual de cada vez que desencarna deseja permanecer mais tempo, tudo segundo o juízo dos dirigentes responsáveis daquele plano.

O Espírito atrasado cobre-se com o manto da carne e assim protege-se de outros e de si mesmo. Ninguém o vê como realmente ele é e, assim, o maior criminoso pode viver com segurança entre os homens, o que não acontece no outro plano, onde se sente devassado em corpo, pensamentos e desejos.

E também porque nos planos espirituais os agrupamentos humanos se fazem por afinidade vibratória e não pelos aspectos exteriores. Somente os seres mais espiritualizados podem suportar como naturais as vibrações dos mundos mais altos nos planos hiperfísicos.

A matéria nos graus mais inferiores é sempre um auxiliar indispensável ao Espírito. Para se individualizar e cair na corrente da evolução, foi ela que lhe deu os corpos exteriores, que lentamente foram se formando a começar do etéreo, e durante toda a vida é para ele um suporte indispensável e uma proteção poderosa.

Como as ideias, pensamentos e desejos dos Espíritos inferiores são sempre condenáveis, reprováveis, eles preferem a reclusão em si mesmos, sem exteriorizações, a possibilidade de passarem despercebidos na multidão. Por isso, não se agradam do devassamento da vida espiritual se se pode dizer assim. Mas, como seu livre-arbítrio é sempre respeitado, às vezes permanecem longo tempo em condições arredias, fugindo às oportunidades de aperfeiçoamento e isso lhes prejudica enormemente a natural evolução, sendo necessário que os guias responsáveis interfiram com reencarnações compulsórias sucessivas, para que prossiga na jornada.

❖

Neste capítulo da reforma interior, o espiritismo é uma das poucas doutrinas religiosas que podem realmente realizá-la, porque essa realização é um imperativo irremovível do próprio conhecimento adquirido e porque a autorresponsabilidade que esse conhecimento determina, exige essa reforma.

Para combatê-la, alguns refratários ao progresso dizem que ela destrói a personalidade humana, torna o homem insensível, indiferente, desfibrado, sem reações nem mesmo nos pontos chamados "de honra". Mas, este é um julgamento falso e tendencioso, porque se é verdade que os Espíritos se desinteressam das coisas que não mais lhes representam interesse espiritual, é certo, todavia, que, por outro lado, aferram-se ao que é permanente, real, construtivo, que leva aos planos mais altos da vida espiritual, superior. Por isso seu trabalho mais árduo é justamente a sua reforma.

E ela se faz extirpando do coração as paixões animais. Com isso, muda-se a vibração individual e, elevando cada vez mais essa vibração, purifica-se o Espírito, adquire faculdades psíquicas, sobe na escala evolutiva. Disso, conclui-se que o espiritismo não é religião de passividades, não forma seres inertes, abstratos, místicos improdutivos, mas, ao contrário, ativos, construtores e dinâmicos.

O chamado ocultismo em geral estabelece a autoiniciação, visando o desenvolvimento de forças internas para a aquisição de poderes, muitas vezes formando assim indivíduos orgulhosos, convencidos de uma autoridade somente suposta, que se confunde com egolatria.

O espiritismo não visa a conquista e o uso de poderes psíquicos, mas, simplesmente a autopurificação, o aprimoramento do caráter, da mente e dos sentimentos, visando o bem dos semelhantes.

Os degraus desse autoaperfeiçoamento são numerosos e outros, sempre novos, vão surgindo, à medida que os anteriores vão sendo conquistados; isto não será trabalho para uma só existência, mas para muitas, antes que alcance os planos da perfeição; e justamente tendo em vista a grandeza da obra a realizar é que combate o orgulho, o egocentrismo, a vaidade e levanta a seu altar a humildade, o espírito de renúncia e se prosterna, reconhecendo sua falibilidade e sua pequenez.

O espiritismo não destrói o homem, mas, muito ao contrário, o edifica e levanta dos atuais planos inferiores para outros mais altos e perfeitos. Nisso realmente difere daqueles que já se julgam perfeitos e poderosos, filhos diletos de Deus, candidatos a uma vida de comodidade e de beatitudes, em um ilusório paraíso.

Os que os combatem dizem que seus adeptos se tornam seres alheados às coisas e incapazes de corresponder às exigências da vida social, mas, o que sucede é que os ímpetos inferiores da vida animal são ainda e, infelizmente, aquilo que os homens amam.

Como a Doutrina manda colocar as coisas do Espírito acima das materiais, é natural que se desinteressem dessas e só deem valor àquelas, conquanto isso não seja feito de forma radical, que prejudique aos semelhantes, o cumprimento de seus deveres morais ou o corpo material, de que todos carecem para evoluir e viver nos mundos da forma

Os espíritas não têm suas almas presas a futilidades enganadoras, pois procuram fugir a elas, edificar para si mesmos um mundo melhor, mais puro, mais elevado, livre de paixões animalizadas — o mundo do Espírito.

15

O MOMENTO GRAVE

Todos nós temos, no decorrer da vida, momentos culminantes em que se decidem as grandes linhas de nosso futuro espiritual.

São coisas que surgem de maneiras diversas e, muitas vezes, o Espírito fica vacilante, sem saber que decisão tomar ou para onde ir.

Nessas horas, é preciso calma e esforço de concentração para distinguir onde está a verdade, que é sempre espiritual, porque tudo o quanto é material é transitório e perecível e, somente o que é do Espírito, prevalece e permanece.

A solução nesses momentos está na *fixação do que é espiritual*, desprezando-se a parte material. Outro elemento de julgamento seguro é *decidir sempre para o lado do Bem*, sem nos preocuparmos com consequências; essas, aliás, nesta hipótese, serão sempre favoráveis e benéficas, muito embora possa parecer o contrário.

A atitude firme, a decisão reta e justa é no que está o mérito que nos fará dignos de uma vida melhor nos planos do Espírito.

Mesmo que o coração sangre, que os instintos se revoltem, que as tentações se interponham, que a dúvida se insinue cavilosa e pérfida, é preciso permanecer firme e voltar o rosto para o lado do Bem.

Pode ser uma moléstia grave, uma mudança de situação, um acidente, a perda de um ente amado, de um sonho, seja o que for, é preciso observar, compreender e decidir pelo lado do Bem, o que sempre se pode conseguir apelando, numa extremidade, para os benfeitores do Plano Espiritual.

Para Paulo de Tarso foi uma visão, mas isso bastou para que ele compreendesse, mudasse de rumo e remisse o seu Espírito para sempre. Com a mesma resolução e sinceridade que o animava na perseguição, devotou-se à proteção dos seus semelhantes, desfazendo, em grande parte, os males que havia praticado.

❖

Quando entramos no caminho da regeneração, os primeiros passos são sempre árduos e difíceis; todos os elementos do subconsciente que dormem no fundo do ser, vindos do passado animal, se levantam para impedir mudanças, obscurecer a consciência, destruir a fé, tentar os bons propósitos, turbar as intuições vindas do Alto; tudo se avoluma no caminho para nos desviar, mas, permanecendo apegados ao conceito íntimo de só agir pelo Bem, tudo será inútil e por fim venceremos todos os empecilhos e tentações postas no caminho para nos provar.

Nessas horas, é também comum que fiquemos desamparados e sós, entregues a nós mesmos, não encontrando ressonância para nossos apelos de ajuda, a batalha travando-se no silêncio do próprio Espírito, tudo isso justamente para que tomemos atitude, mostremos o que somos, e até que ponto merecemos confiança como trabalhadores do Bem no mundo.

Esses são justamente os grandes momentos, as horas decisivas, o instante de optar, de dar testemunho, de exercer a prerrogativa do livre-arbítrio.

Se fracassarmos, quanto tempo permaneceremos ainda imersos nas sombras da dúvida, da dor e do erro? Quando surgirá nova oportunidade no escoar rápido e tumultuoso da vida encarnada?

Cada um de nós terá de levar às costas seu próprio fardo e a ajuda que nos for dada, se bem que sempre preciosa, será muito relativa. Os Cirineus realmente e em toda parte existem; estão sempre junto a nós prontos para acudir, mas a cruz tem que ser levada pessoalmente ao calvário particular de cada um.

Jesus nos exemplificou isso, subindo o seu, com seus próprios pés, apesar de não ter passado algum a resgatar; usou Ele de seu próprio arbítrio, oferecendo-se em holocausto para resgate dos erros humanos. Para chegar ao Pai não carecia da morte física, porque junto do Pai sempre está, mas, nós, que vimos do erro e permanecemos ainda no erro, para chegar a Ele teremos de usar o máximo de esforço e coragem para seguir pelo caminho certo em meio às das tentações do mundo e das próprias imperfeições.

16

RELATIVIDADE DO LIVRE-ARBÍTRIO

Os materialistas dizem que o homem é um produto do meio e o resultado da seleção natural das espécies; que não está em suas mãos alterar o seu destino, porque é um prisioneiro das leis atávicas, hereditárias e raciais. Negam pois o livre-arbítrio.

Os que admitem o determinismo, por seu lado, dizem que só haveria livre-arbítrio se não houvesse Deus e leis que regulassem a vida humana e seu destino.

Argumentam assim, como já vimos anteriormente; ou as coisas materiais governam o homem e, neste caso, ele não é livre (vide por exemplo o sexo) ou ele conduz o mundo material, domina suas leis e neste caso, é livre, independe de qualquer decisão própria, pois sua vontade é soberana.

Dizem: se o passado lhe impõe limitações irrecorríveis, ele é escravo do passado e, neste caso, o livre-arbítrio é relativo.

Se seu destino futuro em dado momento depende do seu passado, isso também é uma limitação do seu livre-arbítrio.

Se Deus cria o homem e somente lhe marca o fim da jornada, o destino final, isso também é uma limitação.

Esses argumentos nada constroem e só servem para estabelecer confusão. Reconhecemos que o livre-arbítrio é fator poderoso, mas não absoluto, pois acima dos homens está o Criador que, por suas leis, sempre intervém para modificar aquilo que a vontade humana elabora, quando tal não convém aos planos estabelecidos para a evolução da humanidade em geral.

Há realmente limitações, mas estas decorrem da fragilidade e das imperfeições humanas, ou da incapacidade que o homem tem de compreender e abarcar com sua parca visão espiritual, o conjunto da Criação Divina. Daí a necessidade das interferências da Providência.

Se Deus não estabelecesse leis inamovíveis para conduzir os homens, mormente nos pontos baixos da evolução, que sucederia? A resposta está nesta outra pergunta: que sentimentos predominam no homem comum? Os bons ou os maus? O homem involui para evoluir; sofreu uma queda, uma descensão. Na fase evolutiva vem de planos inferiores, das trevas para a luz...

Se Deus não conduzisse o homem, não lhe pusesse leis e sanções, o que predominaria seriam os sentimentos maus e a humanidade se afogaria na perversidade, na corrupção, na violência e o Espírito se envenenaria de tal maneira, que seria necessário destruí-lo.

E há mesmo doutrinas espiritualistas que admitem essa destruição, quando o Espírito é recalcitrante e esgota a tolerância divina.

Por isso, são paralelas e harmônicas as duas concepções: a da interferência de Deus e a do livre-arbítrio, não havendo entre elas antagonismos ou contradições.

Onde há verdade, há liberdade; a verdade é que liberta e a ignorância é que escraviza e não as leis divinas. O livre-arbítrio é, pois, tanto mais restrito quanto mais inferior e ignorante for o homem. Esse é um aspecto da questão. Outro aspecto é o seguinte:

O livre-arbítrio se exerce de forma e amplitude diferentes nos diferentes estágios da evolução.

Nos planos superiores, onde o Mal não existe e os seres ali existentes já superaram essa contingência, própria de mundos inferiores, pode-se admitir que não há mais necessidade de livre-arbítrio, porque não haverá mais necessidade de optar entre o Bem e o Mal.

Mas, pode-se perguntar: como os Espíritos superiores são dotados de grande poder na Criação Divina como executores das suas próprias leis, haverá porventura limitações de poder?

E a resposta é esta: não sabemos e isso é também uma limitação, enquanto não chegarmos a ser também Espíritos superiores.

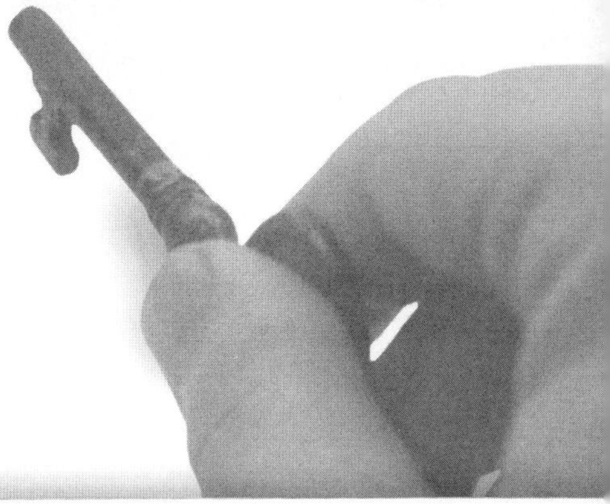

LIBERTAÇÃO ESPIRITUAL

PRIMEIRA PARTE

O AMOR VERDADEIRO

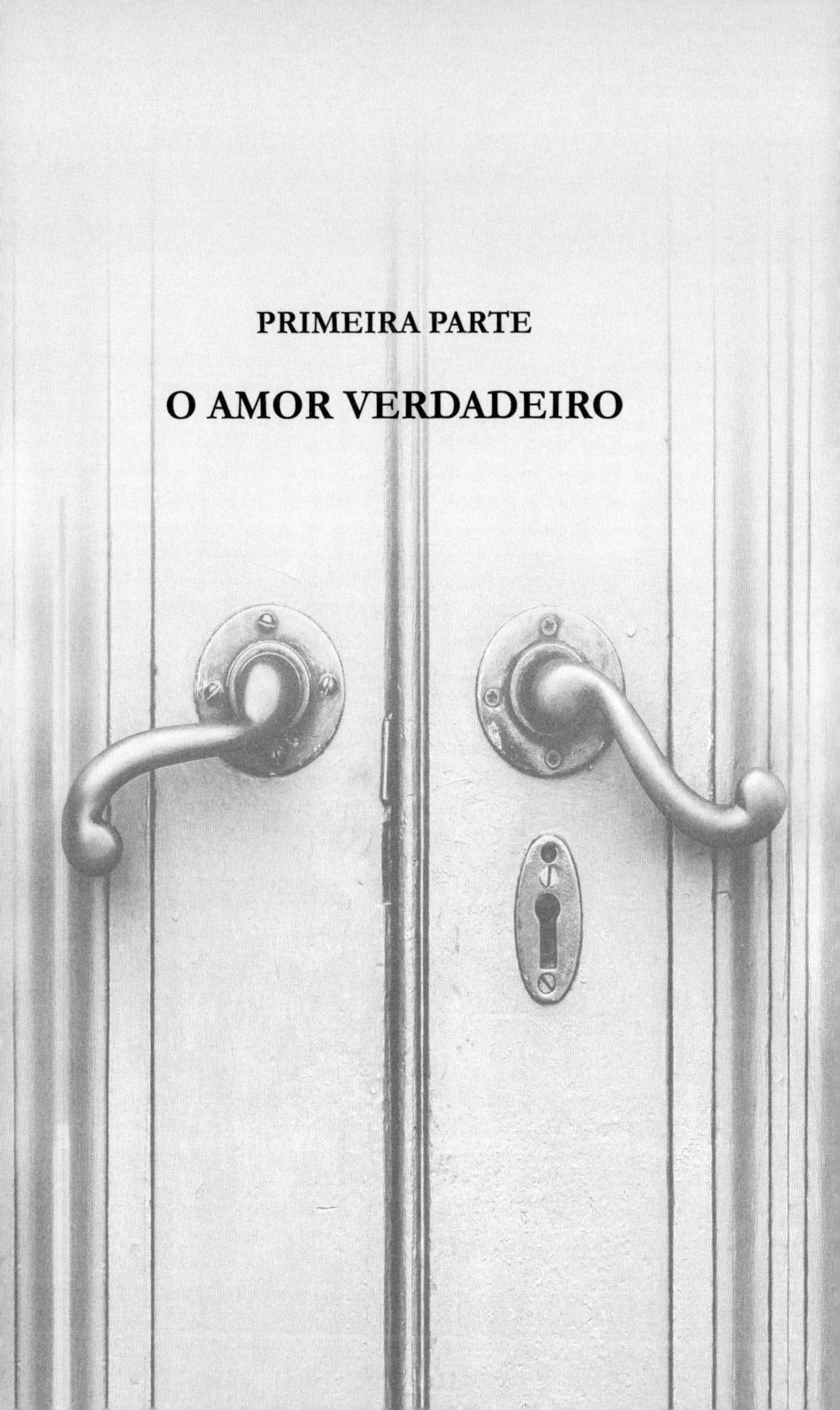

1

CRIAÇÃO PELO AMOR

A criação de Deus é perfeita e completa em todos os sentidos. Isto é inegável. Para que assim seja, é mister que seja simples, porque a verdade está na simplicidade, pois se essa criação não fosse perfeita, se fosse incompleta, como poderia existir a perfeição?

O que é complexo não é perfeito e quando se refere a coisas de Deus não é verdadeiro.

A incomensurabilidade da Criação Divina em todas as suas aparências e manifestações deixa perceber que encerra uma perfeita e absoluta simplicidade.

Uma das provas do acerto desta conclusão é que a lei que determina a criação e que a regula em todas as suas manifestações é a do amor universal e eterno: tudo o quanto não se ajustar a esta condição fundamental é perecível e transitório, isto é, não subsiste por si mesmo.

A autorrealização deve ser altruísta, útil ao indivíduo ou à coletividade, de acordo com a lei maior do amor universal.

"A caridade é o primeiro passo nas autorrealizações pelo amor" e nos passos finais é desprendimento total em benefício, não de indivíduos, mas da humanidade inteira.

É o que cabe como missão aos Espíritos crísticos, que sempre se deixam sacrificar em benefício das coletividades.

Assim sucedeu com quase todos eles, na Lemúria, na Atlântida, na Mesopotâmia, na Índia e na Palestina.

2

AMOR VERDADEIRO

Bastariam duas ou três circunstâncias simples para indicar a enorme distância existente entre o chamado amor humano e o amor espiritual.

1) O amor humano, como já vimos, é exclusivista; exige retribuição e posse, enquanto que o amor espiritual caracteriza-se por desprendimento e doação espontânea, sem necessidade de retribuição.

2) O amor humano comporta impulsos animais de violência, ódio, brutalidade, individualismo, enquanto o amor verdadeiro se manifesta por sintonia vibratória de elevada pureza e significação evolutiva.

3) O primeiro, é próprio dos degraus inferiores da evolução em mundos como o nosso, retardado e materializado, enquanto que o amor verdadeiro é próprio de mundos mais elevados, onde reina a paz, a harmonia e o sentimento de fraternidade universal, exemplificado entre nós por Jesus e base moral do espiritismo codificado por Kardec, há um século.

3

REGRAS DO AMOR VERDADEIRO

Ensina-se aos aprendizes que é preciso amar aos nossos semelhantes com desprendimento. Mas, esse ensinamento, no mais das vezes, cai no vazio, valendo mais como uma bela intenção que, muito raramente se efetiva na vida deles e, por que não dizer, na de todos nós.

São raros os que conseguem, na rotina de todos os dias, porque o que se pretende é conquista de difícil obtenção e porque o interesse e não o desprendimento é o impulso que mais comumente move os homens; aqueles que o realizam de forma natural e espontânea constituem uma escassa minoria mais evoluída.

Mas, como a Escola de Aprendizes do Evangelho é um organismo iniciático e existe, justamente para ajudar os que desejam evoluir mais depressa, vamos fazer algumas sugestões que podem levar, tanto quanto possível, a essa difícil realização espiritual.

Chamaremos a essas sugestões — Regras do amor verdadeiro.

E não nos digam que não se aprende a amar e que o amor nasce espontaneamente, não precisando de regras...

Isso é verdade quanto ao amor em si mesmo, pois ele existe em nós por si mesmo e sempre existiu, potencialmente, pela origem divina. Mas, o que aqui oferecemos são regras práticas para seu desenvolvimento e exercitamento evangélico, visando a exteriorização desse potencial divino luminoso que somos nós e que se encontra mergulhado na carne.

❖

Mas, é preciso explicar desde logo que não nos referimos ao amor paixão, ao amor desejo, que é a moeda corrente entre os seres humanos, e que tão poderosa atração e dominação exerce entre as pessoas de sexo diferente, muito embora seja tão efêmero e ilusório.

Aos que perguntam: porventura não nascemos assim? Respondemos: sim, no corpo, mas não no Espírito.

Queremos nos referir ao amor espiritual, o único verdadeiro, desinteressado, sintônico com a vida universal, que une não exclusivamente uma pessoa a outra, mas todas entre si; aquele a que Jesus se referia quando pedia que amássemos uns aos outros como Ele nos amava.

O amor espiritual para este nosso mundo é julgado uma utopia, mas, domina nos mundos mais adiantados para onde evoluímos no tempo e que tanto desejamos alcançar para nos libertarmos das inferioridades deste; mas, dominará também neste nosso, após o selecionamento espiritual da humanidade, esperado para breve.

A Escola de Aprendizes do Evangelho prepara as pessoas para esses dias futuros e por isso, por todos nós, deve ser esse amor espiritual cultivado desde já, para se ganhar tempo e se antecipar um pouco de felicidade e de paz, aproximando-nos um pouco mais do Divino Condutor, pela simples obediência aos seus ensinamentos redentores.

As regras aqui propostas servem para levar os aprendizes a desenvolverem a capacidade de amar aos semelhantes com desprendimento, a salvo de qualquer interesse ou intenção subalterna; não representam conhecimento incomum ou força alguma exterior que desvenda mistérios ou produza maravilhas de serem vistas e admiradas, porque qualquer transformação interna depende do nosso próprio esforço e do grau de sinceridade, perseverança e humildade que possamos empregar nele.

Mas, como esse esforço exige pureza de alma e de sentimentos, a primeira regra indica os meios do autoaperfeiçoamento e a luta contra agentes retardadores, sempre presentes e atuantes.

Primeira regra: Saneamento moral

Na referida Escola de Aprendizes já se exige, no 1º grau do aprendizado, a eliminação de vícios e defeitos morais; aqui reitera-se a exigência e aperfeiçoa-se o processo.

Sem descanso, com coragem e perseverança, deve-se combater essas falhas, eliminando-as da alma, pois não se pode conceber que uma iniciativa elevada como esta coexista com valores negativos retardadores e impeditivos do progresso espiritual.

Na Escola, a preocupação maior não deve ser a aprovação do fim do curso, mas o autosaneamento do arcabouço espiritual, visando a conquista de valores morais de alta expressão, que ainda não se possui.

O aprendiz terá de defrontar os maus exemplos oferecidos pela sociedade atual, onde os vícios e maus costumes são cada dia mais francamente aceitos e praticados, estimados e generalizados em todas as classes sociais, como se fossem virtudes exponenciais.

Defrontará também na sua luta os vexames e as zombarias de parentes, amigos e conhecidos, que criticarão sua atitude, taxando-a de misticismo ridículo, crendice ultrapassada e fanatismo religioso, porque os homens, em sua maioria, em vez de amadurecerem para a espiritualidade, retroagem e mergulham, cada vez mais, na descrença, na decadência moral dos costumes e dos sentimentos o que, aliás, é característica conhecida das civilizações que chegam ao seu fim.

Apelando sempre para os amigos espirituais, o aprendiz deve prosseguir no seu esforço, decididamente, disposto a ir até o fim, sem transigências ou acomodações, desprezando dificuldades e impedimentos, porque optou por um caminho que sabe não ser o da maioria, mas, que elegeu como o seu e do qual não se afastará.

Ao chegar a este ponto de decisão e de fé raciocinada e firme, ficará surpreendido com a rapidez e a prontidão com que os resultados benéficos e favoráveis se farão sentir, e essa constatação lhe será um forte estímulo e encorajamento para o prosseguimento do seu meritório esforço.

E assim, perseverando, derrotará os vícios e os maus costumes, ganhando sua primeira e decisiva vitória espiritual, de amor para si mesmo, como preparação para o amor pelos semelhantes.

Após isso, como um passo a mais, o combate aos defeitos morais é um simples prolongamento da mesma luta; é mais demorado, sem dúvida e exige novos e redobrados esforços, para êxitos sempre parciais, porque a natureza humana não muda de repente, em prazos marcados. Porém, desde que esteja firmemente engajado na luta, certamente que obterá os mesmos bons resultados obtidos na eliminação dos viciamentos e na defrontação com as opiniões estranhas.

Esta é a luta que se desenvolve no mais íntimo da alma, pela força do próprio ideal de espiritualização que o domina; e, quanto mais elevado positivo e forte for esse ideal, mais rápidos, seguros e também positivos serão os progressos realizados.

Segunda regra: Controle psicofísico

Neste estágio, o aprendiz deve exercer vigilância sobre seus pensamentos, palavras e atos que, de alguma forma, venham a ofender, prejudicar ou menosprezar seus semelhantes; deslocando-o de si mesmo, começa agora a dirigir seu amor para o campo dos semelhantes.

É preciso vigiar dia e noite, hora por hora, sufocando no nascedouro qualquer atividade ou impulso lesivo ao próximo, até que consiga fazê-lo instintivamente, não sendo mais capaz de ferir.

É trabalhosa esta luta contra si mesmo, porque é tão intrínseco e espontâneo o hábito de maledicência, separação e hostilidade pessoal, em suas inúmeras formas de manifestação (algumas até mesmo inapreciáveis); tão alta a carência de sentimentos de fraternidade e de amor que demonstramos uns para os outros, que a todo instante, mil vezes ao dia, vibramos nessas faixas negativas.

É preciso lutar para substituir o desamor pelo amor desinteressado.

Para chegar a isso, temos de criar um elevado sentido de respeito e bondade em relação aos semelhantes, tão sincero e forte, que nos assegure incapacidade intrínseca de transgredir esta regra, prejudicando em vez de servir.

O mesmo deve suceder em relação à palavra, elemento poderoso que produz o Bem ou o Mal e que deve ser usado com moderação e prudência, nunca para ferir ou destruir, mas, utilizado como auxílio para a tarefa evangélica do esclarecimento e da consolação.

Nesta luta, que é de todos nós, quando este controle estiver assegurado em nosso íntimo, após meses ou anos de atenções constantes, mas, sempre produtivas, poderemos admitir que vencemos a inércia dos hábitos multimilenares, herança da animalidade inferior, e que estamos evoluindo com segurança, tornando-nos capazes de cumprir a lei maior do amor a Deus sobre todas as coisas e ao próximo como a nós mesmos.

Ter em vista que o pensamento é uma força que age em nós e fora de nós, de mente para mente e vibratoriamente se reflete no corpo físico, produzindo assim efeitos globais. Para o aprendiz, sua utilização judiciosa e atenta será de grande valia.

Considerar também que é pelos gestos de bondade e de amor praticados como hábito, que o aprendiz demonstra estar integrado nos ensinamentos do Divino Mestre como, também, que age dentro da exigência fundamental da fraternidade universal.

É evidente que o Espírito, cujo psiquismo é inferior e contaminado por defeitos morais e sentimentos animalizados, não pode vibrar na escala de amor transcendente, necessitando primeiramente evangelizar-se como ensina um bondoso Instrutor. Isso é verdade, mas a Escola de Aprendizes do Evangelho existe justamente para auxiliar essa evangelização, orientar a preparação e levar o aprendiz pela mão até a vitória final contra si mesmo, ao termo do curso, quando se torna discípulo.

Terceira regra: Exemplificação na vida social.

Esta é uma regra de integração no amor coletivo.

O amor verdadeiro, não sendo o que dele entende o mundo materializado, após o saneamento da 1ª regra; e a apuração do corpo físico e do psiquismo da 2ª, restará ao aprendiz a vivência, com as exemplificações constantes, até que ela se torne impessoal e universalizada.

O aprendiz que não adquiriu a retidão e a pureza no pensar e no sentir, não pode agir, exemplificando sentimentos ou predicados que não possui.

Nesta 3ª regra já deve possuir capacidade para vibrar espontaneamente amor e bondade, esboçados nas anteriores, demonstrando alto sentido de fraternidade para com todas as pessoas e isso de forma natural, sem forçamentos e permanentemente, os sentimentos secundados automaticamente pela ação, sem palavras, servindo e ajudando o próximo em todas as circunstâncias, segundo, é claro, as possibilidades pessoais de cada um, pois que nem todos são livres para se dedicarem inteiramente à vida espiritual; há compromissos sociais e de família que não devem ser desprezados porque na evolução, pelas leis justas e sábias de Deus, todos fomos postos nos lugares e condições que nos competem.

Para amar o semelhante é preciso respeitá-lo como possuidor que é dos mesmos direitos ante a vida e o progresso, sem fazer restrições, salvo as de sentido moral; aceitá-lo como é, ajudando-o, porém, sempre, a se fazer melhor.

O desenvolvimento desse amor universal é, sem a menor dúvida, o ponto alto, essencial e fundamental da iniciação evangélica espírita nos termos dos ensinamentos do Divino Mestre.

Convém também esclarecer que o espiritismo religioso não é uma doutrina de misticismo individual, inoperante, mas uma iniciação racional de vivência evangélica, com atividades construtivas na comunidade dos semelhantes, visando a redenção espiritual da humanidade planetária.

Nesta terceira etapa, o aprendiz se integraliza no pensamento universal de amor, iniciando os primeiros e vacilantes passos numa senda larga e brilhante que o levará a inconcebíveis alturas espirituais, tendo como modelo sempre o Cristo, cujos passos rastreará, desde já, nas sombras da Terra.

Esta é a mensagem do Cristo.

4

AMOR E SEXO

A palavra, cujo entendimento ou significado é mais desvirtuado neste século, mau grado o ponto de civilização a que já chegamos, é o amor.

Para a maioria, amor é o sentimento que as pessoas têm umas pelas outras, em gradações que oscilam entre tolerância, simpatia e paixão violenta, capaz de levar até mesmo à prática de atos de heroísmo e de morte ou degradação.

Uma das mais comuns características desse amor é a exigência da retribuição pessoal pela posse, uma de cujas consequências inevitáveis é o ciúme, terrível tortura que, quando exacerbada leva, da mesma forma, ao ódio e à violência.

Seres humanos terrestres ainda possuímos fortes resquícios da animalidade ancestral, da qual a posse e o ciúme são expressões naturais que se asseguram e legitimam em muitos casos pela força. Mas, como esta, na sociedade moderna, é reprimida pela Lei, esses sentimentos, que a esta altura, já deveriam estar mais reprimidos, extravasam na ilegalidade e no crime, tornando-se problemas dolorosos para aqueles que os sofrem.

Tudo porque esse amor, que é desejo e paixão violenta da carne para as satisfações do sexo, não é o sentimento de amor verdadeiro, isento de máculas; impulso da alma, não do corpo.

O sexo, em termos materiais, "é um dos mais poderosos e irresistíveis impulsos físicos", utilizados pela Lei

Divina para promover a aproximação e a fraternização dos homens entre si.

Mas, se esse amor humano se baseia, via de regra, nos referidos instintos desagradáveis e violentos, enquanto que o amor verdadeiro, contrariamente, se traduz por desprendimento pessoal, doação espontânea sem obrigatoriedade de retribuição objetiva, para este amor, basta a sintonia harmoniosa e elevada das almas que se dão entre si, não mais para satisfação de instintos, superados, de vidas passadas, mas para se assegurarem a felicidade final da vida nos páramos etéreos, na comunhão universal com Deus, Criador e Pai.

5

AMOR E RAZÃO

Está escrito que a verdade dos ensinamentos submete-os à prova de encarar a razão face a face; mas a base da Criação Divina é o amor e não a razão isoladamente, o que significa que ambos são solidários e complementares.

A ciência materialista, que está levando o mundo para caminhos tenebrosos e a alma humana para a negação de si mesma como uma criação de Deus, segue essa regra de supremacia da razão e da lógica, mesmo quando se contrapõe à moral das leis divinas.

O conhecimento espírita, referindo-se a uma partícula divina criada simples e ignorante, que involui para iniciar uma ascensão de volta às origens no seio de Deus, na forma de um Espírito sábio e perfeito, difunde verdades que a lei soberana do amor sacramenta, o coração pode compreender e aceitar, mas a razão materialista sem amor repele.

Da mesma forma a criação por amor — do Criador para a criatura — também pelo amor se pode compreender, porque assim como se pode viver com amor e pelo amor é porque somente o amor constrói para a eternidade e assim a vida, a morte e a ressurreição (que são intervalos entre períodos de atividade e repouso) são comprovantes da mesma verdade o que, todavia, a razão sem amor também repele.

Mas, em tudo isso se pode crer, porque as Entidades maiores que ditaram ao missionário Kardec os fundamentos da Doutrina dos Espíritos, naturalmente que não transmitiriam ensinamentos que não fossem verdadeiros, lógicos, racionais e exatos, ante as leis soberanas e eternas de Deus.

O que é importante, todavia, é saber que a razão dos homens não é a razão de Deus, assim como não são os mesmos os caminhos e pensamentos.

Nesta vida, neste planeta de expiações e de provas, fugazes e raros são os dias em que nos sentimos alegres, felizes, cheios de esperanças intraduzíveis e de paz interna; o normal é o mal-estar, o peso da angústia, os sofrimentos físicos ou morais, o temor de acontecimentos ruins, porque estes é que são os agentes depuradores da alma, e destes é que realmente necessitam os Espíritos em prova, para se libertarem.

❖

Em nossos relacionamentos com os semelhantes, familiares ou estranhos, recebemos coisas boas e coisas más.

Há amizades que nos são oferecidas, mas cobradas muito caro, algumas a custo da própria liberdade: isto é muito comum na vida doméstica, quando chegam a dizer: dar-te-ei todo meu amor, mas viverás só para mim...

Mas, há também amizades que são dadas de graça, espontaneamente, desinteressadamente o que, aliás, é muito raro, conquanto exista.

Estas são as mais próximas do amor espiritual, que tudo dá e nada pede como retribuição.

6

AVE CRISTO!

(Mensagem)

“Realmente as leis de Deus são precisas. O desenrolar dos acontecimentos da criação é previsto com antecedência de milênios. O turbilhão que arrasta consigo multidões é o mesmo que desperta consciências, fazendo brotar nos corações dos homens a Piedade.

A avalanche líquida que a tudo submerge, provocando pavor, é a mesma que cessada, fertilizará o solo.

O raio que fulmina, é a energia mesma que, quintessenciada, curará enfermidades.

O coração humano endurecido, concorrendo para o acréscimo do Mal, é o mesmo que, transformado, irradiará Paz e Amor. Nesse amor, pois, descansaremos.

Por que abrigar no próprio seio o temor?

A Justiça é Divina e, portanto, jamais se apresentará de forma aterrorizante ou avassaladora. Ela traz o germe do progresso, o futuro na paz e a possibilidade da Luz.

É Deus agindo em nós, com misericórdia e sabedoria.

É Deus nos chamando para o Seu regaço, para a renovação e para a Perfeição Suprema.

Deus está em nós. Somos irmãos.”

7

LIMITES À PROTEÇÃO ESPIRITUAL

A proteção que recebemos dos Espíritos benfeitores tem limites e condições que não devemos ignorar, pois que não é ilimitada ou arbitrária.

Conhecendo a paciência, a bondade, a boa vontade e a tolerância deles pelas nossas dificuldades e inferioridades morais, habituamo-nos a pedir sempre, na esperança de sermos atendidos, sem considerar que eles somente atendem quando podem ou quando devem; quando nos colocamos em condições de merecer o atendimento e, ainda, quando este não venha produzir resultados ou consequências contraproducentes, prejudicando em vez de beneficiar.

Nos casos de resgates cármicos, por exemplo, tratando-se de benefício de momento que resultará em prejuízo futuro; ou quando beneficia a nós, mas prejudica a outras pessoas; ou impeça ou dificulte a realização de uma experiência da qual necessitamos para nosso progresso evolutivo como seja, por exemplo, um sofrimento físico ou moral, e muitas outras modalidades de fácil e pronta compreensão; nestes casos eles não atendem como gostaríamos que o fizessem e se limitam a uma pequena ajuda ou a uma inspiração da qual possamos lançar mão por conta própria.

Outras modalidades não-atendíveis: solução de problemas materiais que a nós próprios compete resolver; problemas banais e fúteis ligados à vida comum, da mesma forma pertencentes à nossa esfera de ação e não da deles.

Para todas as dificuldades de negócios, promoções sociais, doenças e crises que nos beneficiam no momento, mas que geram consequências infelizes no futuro, tudo permanece sem solução radical, porque os Espíritos não se deixam envolver nas suas consequências, concorrendo para que sucedam.

Outra coisa a considerar: há atendimentos que podem ser feitos por Espíritos familiares que penetram mais em detalhes e intimidades aos quais não descem os Espíritos de maior responsabilidade, como os protetores e guias.

E, finalmente, se tudo o que costumamos pedir fosse considerado pelos benfeitores espirituais, seu tempo seria pouco para atendê-lo, em prejuízo de suas próprias e meritórias ocupações, nos planos de trabalho que lhes são próprios.

O mesmo, todavia, não ocorre com os Espíritos dedicados ao Mal, para os quais todos os males são bons, pois que justamente se esforçam por provocá-los, como também se aplica aos ignorantes das verdades espirituais que, por ignorá-las, tornam-se irresponsáveis.

❖

O que mais se aproveita nesta vida não é o que ela oferece de bem-estar, conforto e prazeres, que alimentam os sentidos, mas os sofrimentos, que apuram os sentimentos e engrandecem o Espírito.

SEGUNDA PARTE

LIBERTAÇÃO ESPIRITUAL

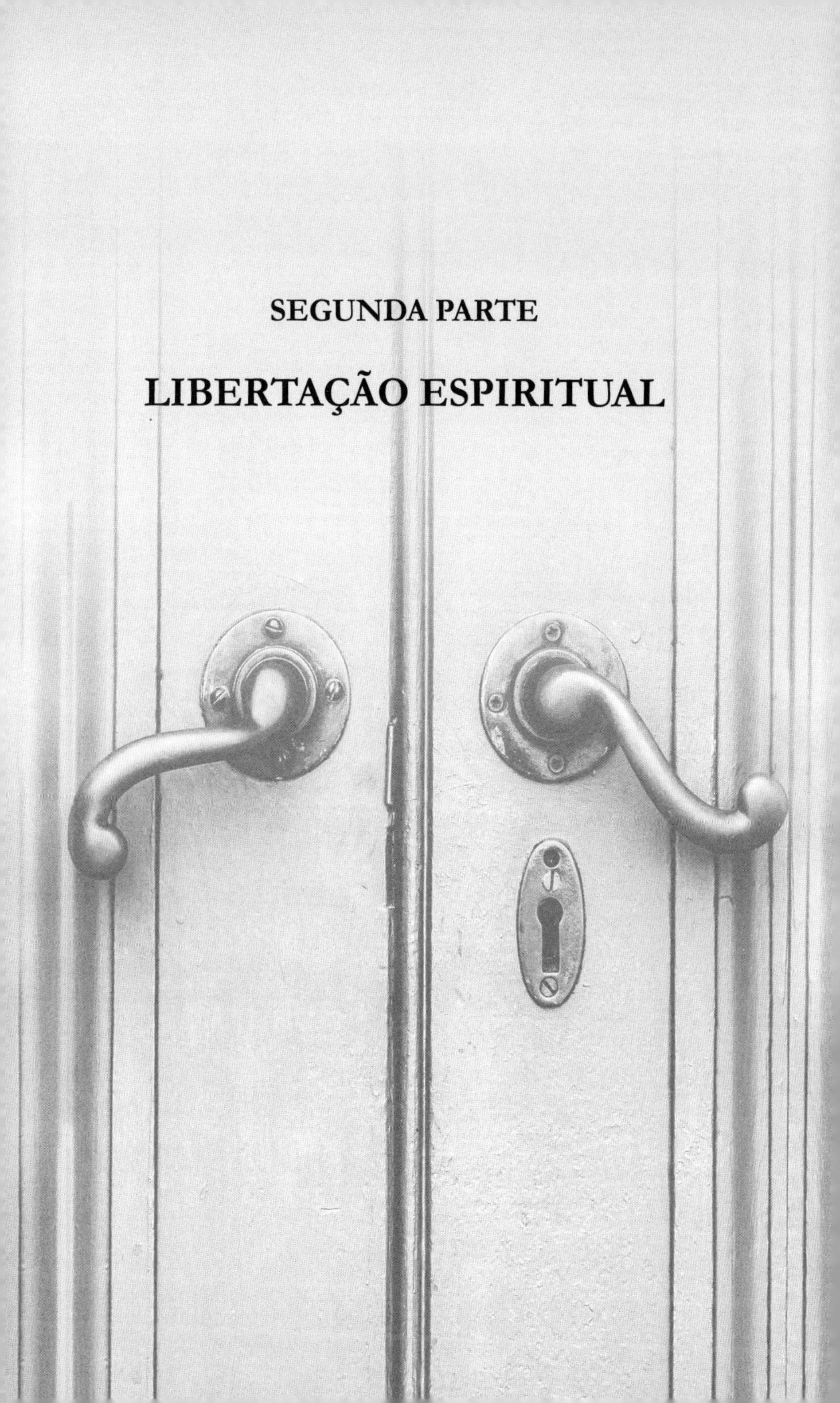

8

ESPIRITISMO, DOUTRINA DE AUTOLIBERTAÇÃO

O espiritismo tem pouco mais de um século de codificação; até aqui tem vencido galhardamente todas as dificuldades do caminho, mas não somente por causa dos homens; aliás, muitas vezes, apesar deles, como sentenciou Kardec. Agora, a situação é delicada, porque o vulto tomado pelo movimento doutrinário é considerável e exige providências de toda ordem, visando sua preservação, porque as deturpações, as contrafacções, estão também crescendo de vulto e há inúmeros interessados, mormente as potências das trevas, em que essa expansão se amorteça e se desvie dos verdadeiros rumos, perdendo a força.

O espiritismo é doutrina evolucionista; assume aspectos diferentes e apresenta diariamente problemas novos, que devem ser encarados com objetividade, em benefício da contínua e promissora marcha ascensional.

Nos primeiros tempos da codificação, o problema maior era torná-lo compreendido e aceito pelos homens, vencendo a terrível barreira representada pelos preconceitos e interesses sociais e religiosos da época.

Assim como os apóstolos dos primeiros tempos enfrentaram as perseguições, os pioneiros de hoje (na revivescência do antigo cristianismo) há uns cem anos viram-se molestados pelo desprezo público, pela incompreensão, pelo fanatismo dogmático das religiões dominantes e apontados como loucos e feiticeiros; e as próprias obras da codificação foram queimadas em praça pública com as solenidades de um ato de fé inquisitorial da Idade Média.

Mas, como tudo evolui, desfrutamos hoje de uma situação bem diferente, asseguradora de liberdade de pensamento e de crença; por isso as Casas Espíritas abrem suas portas por toda parte (em nosso País pelo menos); funcionam livremente e em todas as camadas sociais a Doutrina vai penetrando facilmente, confortando os necessitados, esclarecendo as mentes e merecendo respeito e confiança.

E os seus próprios e mais ferrenhos adversários, nas fileiras dogmáticas, já se voltam para seu estudo e sua prática, discretamente, auferindo os benefícios que a Doutrina oferece ao povo em geral, sem discriminações.

Hoje, não se trata mais de vencer hostilidades ou limitações de liberdade, mas, de imprimir ao movimento o ritmo e o caráter que deve ter para alcançar, o mais depressa possível, um ponto expressivo de compreensão e de vivência, porque a hora chegou, em que os sofrimentos da humanidade e a própria evolução dos conhecimentos gerais exigem portas largas, bem abertas e acolhedoras para agasalhar, socorrer e esclarecer.

E momentos chegarão em breve, em que o pânico se estabelecerá em muitas partes do mundo, por força dos atos iníquos dos homens desorientados; e as Casas Espíritas já entraram no rol dos redutos de eleição para atendimento das necessidades gerais do povo sofredor.

Para melhor aparelhar essas Casas ao ponto que baste para que fiquem à altura da grande tarefa que deverão desempenhar, é necessário, porém, enfrentar desde já, com objetividade e visão de futuro, uma série de problemas como, entre outros, os seguintes:

a) capacidade intelectual e doutrinária dos dirigentes;

b) instrução doutrinária acessível e autêntica;

c) obrigatoriedade da reforma íntima para dirigentes, trabalhadores e frequentadores em geral. Nesta obrigatoriedade não vai nenhuma intenção de dominação, mas de melhoria geral do ambiente, para maior cobertura do Plano Espiritual Superior;

d) atendimento de necessidades materiais e espirituais, não como um fim, mas como um auxílio caridoso;

e) melhoria do conhecimento e da prática mediúnica, pois que ainda é muito precário o valor da utilização das faculdades;

f) assistência espiritual de defesa contra influências maléficas, por processos mais atualizados e eficientes, porque o número de médiuns já está sendo ultrapassado pelo aumento sempre crescente das perturbações;

g) afastamento de métodos de trabalho não pertencentes à Doutrina, mas a correntes paralelas;

h) orientação de crianças e jovens por processos adequados.

Dentro do movimento espírita, a partir de 1950, a instrução e as práticas sofreram alterações e atualizações e vêm sendo feitas de forma mais adequada, por meio de escolas, cursos especializados e outras modalidades, reservando-se tempo mais longo para práticas mais úteis e produtivas e fugindo das anteriores, de evidente repetição rotineira, substituindo-as por palestras didáticas e aulas acessíveis a todas as mentalidades e das quais os ouvintes podem tirar conclusões e efeitos de caráter imediato e benéfico para sua vida e conduta religiosa.

Em todas as atividades doutrinárias é indispensável dar à reforma íntima a predominância que deve ter em todos os casos individuais e coletivos, para que haja aproveitamento doutrinário para todos.

Já está generalizado o conhecimento de que os Espíritos são partículas divinas emanadas de Deus, dotadas de inteligência, razão, livre-arbítrio e do direito de se organizarem individualmente.

Para essa organização adquirem forma física tangível e no correr do tempo constituem a personalidade imortal evolutiva que, por fim, passa a sobrepor-se, superando as inferioridades pelas experiências que acumulou na evolução, expandindo-se na unidade universal pelo desenvolvimento de sentimentos divinizados, no seio infinito de Deus.

Enquanto que a organização física é perecível e mutável, sofrendo transformações no campo material, o Espírito é eterno e imortal, sujeito unicamente a transformações de ordem moral, visto que é emanação direta de Deus, imergindo na matéria para subir novamente a Ele, por meio de experiências evolutivas inúmeras, que são a razão de ser da própria evolução.

Pois estas transformações do campo moral é o que se consegue obter com a reforma íntima que se torna, portanto, o problema número um do espiritismo, o mais difícil, o *sine qua non*,[9] porque a massa dos crentes o encara sem esta imperatividade, como uma simples teoria igual às outras, ou uma necessidade remota, não urgente, inadiável e indispensável desta reencarnação, devido a

---

[9] Indispensável, essencial. (Nota da Editora)

eminência do selecionamento espiritual que se aguarda para breves dias futuros.

Quem não se decide com toda alma a este esforço psíquico, retarda sua evolução e, após o desencarne, habitará regiões inferiorizadas do Umbral, mesmo que seja frequentador habitual de Casas Espíritas.

Esta reforma, por mais árdua e difícil que seja — e realmente o é — deve ser, portanto, a preocupação dominante dos espíritas bem orientados porque, além da parte pessoal de uns e outros, reflete-se no interesse de todos e da própria Doutrina; realmente, se esta não transformar o homem velho em novo, se não conseguir reformar moralmente o mundo, não terá atingido, por culpa do homem, da sua ignorância, displicência ou irresponsabilidade, suas elevadas finalidades planetárias.

Kardec disse que o espiritismo vencerá com os homens, sem os homens ou apesar dos homens, porém já disseram também outros que o espiritismo é a última esperança do Alto para a redenção da humanidade.

Devemos considerar as duas afirmativas como valiosas, porque o espiritismo, como Doutrina, realmente não depende de outra coisa que não dos próprios adeptos e existirá por si mesmo, porque é um conjunto de verdades preexistentes; porém, tendo em vista a redenção do mundo — que é a tarefa — neste ciclo em vias de encerramento, o que se torna importante é que ela, a Doutrina, consiga realizar a evangelização e o esclarecimento verdadeiro dos adeptos, coisa que poderá ou não suceder, ou suceder em menor ou maior parte, dependendo da vontade dos homens.

Mas, também está dito pelo próprio Codificador que o espiritismo será o que dele fizerem os homens, a saber: uma doutrina redentora e triunfante, ou uma doutrina muito boa em si mesma, mas sem êxito social, ou sem vivência da maioria; seguida por alguns, mas não seguida por muitos, ou pela maior parte.

Por este caminho que vamos levando, de se preferir a teoria e dar mais importância à satisfação de interesses materiais, negligenciando o sacrifício da reforma moral, o espiritismo se aproximaria mais facilmente de uma filosofia materializada como muitas outras existentes, de rótulos pomposos e utilidade muito relativa na espiritualização do homem encarnado. Nestas condições, a Doutrina manteria seu caráter de consolador, mas perderia esse outro, muito mais valioso, de redentor planetário. Seria como se a uma criança déssemos carinhos e cuidados para o corpo físico, mas negligenciássemos nas exigências e na disciplina da ação necessária para que se transformasse em um homem.

Reforma é purificação íntima para a libertação da partícula divina que em nós dormita aguardando sua hora; transformação radical de sentimentos animalizados em outros mais próximos da esfera angélica.

Nesta fase do conhecimento em que estamos, com as verdades que já nos foram reveladas, a ascensão espiritual poderá ser muito mais rápida, desde que nos atiremos corajosamente ao esforço dessa transformação moral e purificação psíquica.

Com esse esforço mais nos aproximaremos da fraternidade universal, da tolerância e do amor, porque amar é fundir-se na unidade, é sentir o céu em si mesmo, Deus em si mesmo.

Essa reforma torna-se difícil, mas será francamente acessível, se forem tomadas duas atitudes radicais: a decisão inicial de fazê-la e, após iniciada, a vontade férrea de mantê-la em curso, sem enfraquecimentos ou voltas atrás.

Antes de mais nada é preciso, no campo individual, manter o combate ao egoísmo, que é um monstro de inúmeras cabeças, e no campo coletivo desenvolver o altruísmo, que é o sentimento oposto, ligado estreitamente ao amor universal, que é a meta a atingir.

Ninguém pode se reformar teoricamente, cuidando somente de si mesmo. O lema do aprendiz deve ser este: "primeiro o próximo, depois o próximo, e sempre o próximo", porque também não haverá êxito nas realizações deste tipo, quando o executor se colocar em primeiro lugar, justamente porque a partícula, que somos nós mesmos, deve exteriorizar-se para unir-se às outras semelhantes, e por isso é que a humildade é a virtude fundamental do servidor do Cristo e aquela que Ele exemplificou com mais grandeza — até mesmo morrendo na cruz — durante sua curta vida entre nós.

É neste ponto, aliás, que mais avulta o aspecto religioso do espiritismo e a necessidade da evangelização, porque a realização em si mesma não é teórica nem simplesmente intelectual, mas sentimento do coração, exercido com perfeita espontaneidade vibratória, dia por dia, caso por caso, sob a compulsão férrea da vontade galvanizada na decisão inicial.

Com essa exercitação, a partícula vai se sobrepondo ao corpo animal, desligando-se dos sentidos, das paixões e dos sentimentos inferiores, conquistando uma vibração mais elevada e pura, dilatando a aura individual a limites cada vez mais amplos.

Espírito de luz é o termo tão comumente empregado para expressar justamente isto: o Espírito evoluído, evangelizado e a partícula mais exteriorizada, mais visível, mais capaz de expandir-se como luz e amor.

Todo esse trabalho, executado lentamente no campo íntimo, se é verdade que deve ser antecipado intelectualmente pela compreensão, todavia, só pode ser realizado, repetimos, pelo coração; e como a lei do amor é a mais alta e predominante na vida espiritual — e Jesus bem o mostrou —, segue-se que o aspecto religioso corporificado no Evangelho, é também uma predominância, não uma consequência de outros fatores.

Para ajudar essa reforma, metodizar o esforço e apressar a evolução dos adeptos é que foi idealizada a Iniciação Espírita, comportando várias escolas e cursos de preparação doutrinária adequada.

Realiza-se, assim, de forma simples e prática, a evangelização individual, aspiração maior dos estudiosos e idealistas de todos os tempos e dos templos e escolas iniciáticas da antiguidade, que visavam sempre o conhecimento e o desenvolvimento de faculdades psíquicas conquanto, nem sempre aplicadas no melhor sentido de benefícios ao próximo.

Outra coisa também não visavam os santos, os fanáticos e místicos de várias religiões, que chegavam ao absurdo de se mutilarem para atingir a esperada purificação e posse de poderes.

Pelos pontos de vista espíritas adotados na Escola de Aprendizes do Evangelho nenhuma violência é feita em qualquer sentido, nada que atente nem mesmo contra o livre-arbítrio individual, sendo o esforço e as práticas encaminhados com suavidade, enlevo e esperança de vida melhor no futuro.

Nessa Escola, em vez de falar em reforma, realiza-se desde os primeiros passos de forma objetiva e segura, mostrando os novos caminhos, ajudando a percorrê-los e apressando, assim, a evolução dos aprendizes e discípulos.

❖

Os dias que correm são de temores e expectativas, e as forças espirituais já estão agindo, visando ao selecionamento evolutivo cíclico.

Já é tempo, pois, de acordarmos, preparando-nos para o comparecimento ao tribunal do Divino Poder, para sermos julgados e separados, conforme foi anunciado e predito pelo próprio Divino Mestre nos seus ensinamentos redentores.

Outras Obras de Edgard Armond

Os Exilados da Capela
Edgard Armond
16x23 cm | 192 Pág.

A formação e evolução das raças no planeta Terra. Obra extraordinária que cuida das grandes indagações dos homens acerca do início da humanidade.

Na Cortina do Tempo
Edgard Armond
14x21 cm | 128 Pág.

Sobreviventes salvos da Atlântida preservam seus conhecimentos destinados à posteridade.

Almas Afins
Edgard Armond
14x21 cm | 160 Pág.

A trajetória de Espíritos afins desde a submersa Lemúria até os dias atuais.